7 Estrategias para liberarse del ESTRÉS

El factor ¡AJÁ!

Mike George

7 Estrategias para liberarse del ESTRÉS

El factor ¡AJÁ!

PRIMERA EDICIÓN

EDITORIAL
kiER

*Desde 1907 un sello positivo
para un mundo que merece serlo*

George, Mike
    7 Estrategias para liberarse del estrés : El factor ¡Ajá!
1ª ed. - Buenos Aires; Kier, 2004.
    128 p.; 20x14 cm. - (Estímulo)

    Traducción de: Graciela Perillo

    ISBN 950-17-2808-0   1. Estrés. - I. Título
    CDD 158.72

Copyright © 2003 by Mike George
Publicado originalmente en el Reino Unido por:
JOHN HUNT PUBLISHING LTD.
46ª West Street, Alresford, Hants SO24 9AU, UK
office@johnhunt-publishing.com
Publicado en 2004, bajo licencia de John Hunt Publishing Ltd.
Diseño de tapa:
Graciela Goldsmidt
Traducción:
Graciela Perillo
Corrección:
Prof. Delia Arrizabalaga
Diagramación:
Mari Suárez
LIBRO DE EDICIÓN ARGENTINA
Queda hecho el depósito que marca la ley 11.723
© 2004 by Editorial Kier S.A.
Av. Santa Fe 1260
(C 1059 ABT) - Ciudad de Buenos Aires
Tel. (54-11) 4811-0507 Fax: (54-11) 4811-3395
e-mail: info@kier.com.ar
www.kier.com.ar
Impreso en la Argentina
Printed in Argentina

Dedicatoria

*Para todos aquellos que, simplemente,
están cansados de tener vidas cada vez
más llenas de estrés, y están listos para
"despertar" y dejar de crear su propio
sufrimiento.*

Si tiene preguntas respecto de alguna de las
ideas o revelaciones leídas en este libro,
por favor, comuníquese conmigo en:
mike@relax7.com

Si desea recibir más revelaciones,
visualizaciones y meditaciones, visite
The Relaxation Centre
[Centro de Relajación]
www.relax7.com

Prefacio

El hilo conductor

Todo buen libro, como todo buen curso, tiene un tema subyacente, algo denominado el "hilo conductor", que lo une todo. Y el hilo conductor de este pequeño libro es una idea simple pero vital, conocida como autorresponsabilidad.

Independientemente de lo cómoda que la gente cree estar con su vida en la actualidad, de alguna manera casi todos sufren a diario, y esto sucede porque la gran mayoría no ha logrado desarrollar ni integrar el principio de la autorresponsabilidad. Todo sufrimiento es autocreado, más allá de la historia o las circunstancias; tal vez usted no lo sepa o no quiera saberlo. Algunas personas lo saben, pero no quieren admitirlo; otras lo saben, mas lo niegan; la gran mayoría no lo sabe y cuando le hablan de eso, la mayoría de esa mayoría no quiere creerlo... ¡al principio!

Esto lo sé por los miles de personas que conozco cada año en seminarios, conferencias y talleres por todo el mundo. También sé por mi experiencia personal que, a pesar de su pasado, nada podrá cambiar en su vida para mejor hasta que no logre aceptar la total responsabilidad de su ser, de sus pensamientos, emociones, personalidad y acciones, ahora mismo, hoy. Parece una instrucción dura, pero en realidad se asemeja más a la comprensión esencial de una forma de vida exitosa y satisfactoria.

Aceptar la responsabilidad de usted mismo, de la experiencia y del destino de su vida, no es un paso menor si le han enseñado —como a la mayoría de nosotros— a creer que los responsables son los otros. Tornarnos autorresponsables no significa que nos separamos y vivimos aislados, concentrándonos de manera narcisista sólo en nuestras propias necesidades y deseos. La paradoja de la autorresponsabilidad es que es una necesidad, precisamente porque vivimos como parte de una comunidad y, ya sea la comunidad de nuestro hogar, nuestro trabajo o nuestro mundo, nuestro impacto en esa comunidad empieza con el grado con el que aceptamos la responsabilidad de uno mismo. Pero, si hacemos responsables a la comunidad y a nuestras circunstancias por nuestros pensamientos y actos, si levantamos el dedo para culparlos por lo que sentimos y por cómo lo sentimos, en ese momento renunciamos a nuestra propia vida y enseñamos a los demás una ilusión.

Puedo oír su dolor; conozco su sufrimiento. Este libro es una respuesta a su llamado. Está escrito por usted y para usted y, si bien no va a contestar todas las preguntas ni a aclarar todas las confusiones ni a curar todas las enfermedades, lo ayudará para que dé un pequeño paso hacia la aceptación de su primera responsabilidad, que es su capacidad de elegir su respuesta ante la vida, el universo y todo.

Mike George, 2003

Introducción

Tiempo de transformación

Miles de millones de ideas, un millón de libros, miles de seminarios y cientos de gurúes de la "iluminación moderna" han proliferado en el mundo entero en los últimos veinte años, para ayudarnos a restablecer, en cierta medida, la sabiduría y el asombro en nuestra ajetreada vida.

Su misión es enseñarnos a relajarnos y mantenernos tranquilos; procuran mostrarnos de qué manera podemos recobrar el control de nuestro destino y cómo ser mejores seres humanos, en un mundo donde la gente está, permanentemente, haciendo algo. Han venido a decirnos que, en esencia, estamos dormidos ante la idea de quiénes somos y por qué estamos aquí. Han hallado numerosas maneras de recordarnos que, fácilmente, podemos llevar toda una vida sin tomar conciencia de la verdadera belleza que yace dentro de nosotros y de la creativa oportunidad que cada una de nuestras vidas representa.

Sin embargo, tal vez haya advertido que no existe curso, seminario, libro o gurú que, en verdad, pueda cambiar o transformar la existencia. Si bien la transformación es una promesa frecuente, resulta imposible de cumplir. ¿Por qué? Porque sólo usted puede hacer el trabajo de despertar y permanecer despierto; sólo usted puede cambiar la manera de pensar, sentir y vivir. Todas las técnicas, herramientas y métodos en el mundo casi no tienen valor, a menos que usted esté motivado y dispuesto a realizar la tarea interior de despertar a las ilusiones que lo mantienen empantanado en patrones de pensamiento perezoso, falsas creencias y percepciones distorsionadas. Y, aunque tal vez no tenga conciencia, aunque usted considere que su forma de pensar, creer y percibir está muy bien, todos invariablemente, a esta altura, necesitamos realizar este tipo de trabajo interior.

El propósito de este libro es brindarle los conocimientos básicos y los métodos interiores para librarlo de las ilusiones más predominantes, que nos mantienen atrapados en nuestros hábitos de pensamientos negativos o perezosos. El propósito es ayudarlo a ver, desafiar y liberar las falsas creencias que lo tienen aferrado a patrones tensionantes de comportamiento. La meta es ayudarlo a ver de qué manera puede elegir percepciones más positivas y crear sentimientos más constructivos y saludables. Y uno de los objetivos es contribuir a que vuelva a despertar la conciencia de quién es usted en verdad, en oposición al ser que aprendió de los demás, mientras se embarca en su propio sendero hacia el esclarecimiento personal.

Sin embargo, si bien este libro está colmado de métodos de autoayuda, discernimiento y, en ocasiones, de sabiduría, nada de todo esto tendrá un verdadero valor hasta que logre ver la verdad, la sabiduría, por usted mismo, dentro de usted mismo. Este momento de "ver" o darse cuenta se conoce como el momento ¡AJÁ!

El momento ¡AJÁ!

Todos hemos tenido un momento ¡AJÁ! Es una instancia de profunda revelación respecto de un problema determinado que nos viene costando resolver; es un destello de claridad sobre una situación difícil que debemos enfrentar.

En el momento ¡AJÁ!, pronto y sin ninguna razón aparente, usted es bendecido con la comprensión que le permite hacer o decir lo correcto (o no, según sea el caso); y no sólo eso, sino que tiene la plena seguridad de que esa es la respuesta perfecta. No tiene que pensar en ello, pues, si lo hace, de hecho, inmediatamente su poder empieza a disminuir.

El momento ¡AJÁ! o, como algunos lo han descripto, la "experiencia eureka" normalmente llega cuando uno deja de luchar mental e intelectualmente en busca de soluciones o respuestas ante un problema percibido o un desafío determinado. Su mente y su intelecto están relajados, abiertos y receptivos para nuevas formas de ver las cosas. Por miles de años, la meditación ha sido el método reconocido para limpiar las obstrucciones internas y acallar el ruido de los pensamientos y sentimientos, lo que ha permitido luego, la llegada del momento ¡AJÁ! Sin embargo, los serenos momentos de introspección y reflexión también pueden brindar un espacio silencioso para el despertar de una nueva visión que traiga consigo el surgimiento de su poder personal.

La mayoría de los inventores puede atestiguar que han tenido su momento ¡AJÁ!, como el avance que les permitió exactamente ver cómo su nueva creación va tomando forma. Numerosos científicos recordarán tiempos en los que un momento ¡AJÁ! fue el primer impulso fresco en la formulación de una nueva teoría. Y muchos empresarios exitosos, a su vez contarán con entusiasmo la llegada inesperada de un momento ¡AJÁ! anunciando una decisión comercial decisiva o una dirección completamente nueva, que luego ha contribuido en gran parte a su propio éxito.

Los momentos ¡AJÁ! pueden cambiar su vida y la vida de los demás. Ojalá que haya, al menos, un ¡AJÁ! (o muchos) para usted en este libro, y ojalá que pueda actuar en cada uno de ellos casi instantáneamente, pues sólo en la acción se funda el poder de provocar el cambio que será para mejor en su vida.

Primera Sección

Ilusión y mito

Los siete mitos principales sobre el estrés

¿Es este pequeño libro realmente para usted?

La enfermedad del siglo XX, llamada "estrés", ahora se ha convertido en la epidemia del Siglo XXI, y mata. Cada vez más gente está empezando a tomar cartas en el asunto. El comercio y la industria están despertando lentamente al hecho de que miles de millones de yenes, dólares, euros y libras se pierden año tras año en ausentismo, ineficiencia, conflictos de relaciones y baja calidad en el trabajo... todo, aparentemente, debido a la tan empleada, mal empleada y abusada enfermedad llamada estrés. Pero, olvídese de todo eso, ¿cómo se siente **usted** en este momento? ¿Diría que su vida ha sido dolorosa o placentera? En este último caso, ¿está usted escondiendo el dolor, lo está ahogando en alguna sustancia o está inventando, tal vez, estrategias inteligentes para evitarlo? Si ha sido dolorosa (o sea, tensionante del modo que fuere), este libro, decididamente es para usted. Si no tiene ninguna molestia mental o emocional, si nunca se considera una víctima, si nunca culpa a los demás por su estado y si piensa que la vida es un paraíso, entonces, este no es el libro para usted; ¡por favor, páseselo a alguien, de inmediato!

De lo contrario, siga leyendo. Hay mucho para aprender y mucho para hacer y, lo más importante, ¡mucho para ser!

Pero primero, los mitos. Durante los últimos treinta años se ha desarrollado un importante número de mitos peligrosos que han distorsionado nuestras creencias y están distrayendo nuestra atención, alejándola de las verdaderas razones y curas de esta dolencia, aparentemente omnipresente, que llamamos estrés.

¿Está sentado cómodamente?

Mito 1

"El estrés tiene un protagonismo natural y positivo en la vida moderna"

¡No, no es así!

No existe tal cosa como el "estrés positivo"; ¡esta frase es un oxímoron! Por definición, el estrés es antinatural y malsano, por lo tanto, siempre es un estado negativo. He aquí la definición con la que trabajaremos:

El estrés es una forma de dolor que llega para contarle que hay algo que debe cambiar, y el dolor, cualquiera que sea, es un mensajero que le dice que usted debe aprender algo.

Si bien algunas personas diferencian correctamente el dolor del sufrimiento, dado que el dolor es físico y el sufrimiento es mental y emocional, en este libro voy a emplear el término dolor para ambos casos.

Si coloca la mano en el fuego, ¿qué experimenta?, dolor; ¿qué aprende?, a no hacerlo otra vez. Escuchó al mensajero, aprendió y cambió. Podemos experimentar estrés o dolor en cuatro niveles: espiritual, mental, emocional y físico. Cuando el mensajero llega a los niveles mental y emocional, con pensamientos dolorosos y sentimientos negativos creados por nadie más que por nosotros mismos, ¿escuchamos al mensajero? No, no lo hacemos; o matamos al mensajero o lo abrazamos. ¿Por qué? Porque nos han enseñado a creer que es necesario y está bien que haya un poco de tensión. "Nos dijeron" que es normal y nosotros lo creímos. Entonces, dejamos que la tensión se desarrolle dentro de nosotros sin darnos cuenta de que estamos creando nuestro propio deceso. Decir que está bien tener un poco de estrés, es encender la mecha de una misión suicida que se va quemando lentamente. Una de las razones por las cuales los servicios de salud del mundo desarrollado tienen tantos problemas, es porque cada vez hay más personas que asumen cada vez menos responsabilidades por su propio bienestar mental y emocional. Nadie nos dijo que un solo pensamiento negativo podía llegar a tener un efecto devastador en nuestro sistema inmunológico.

La segunda razón por la cual no escuchamos al mensajero, no aprendemos y cambiamos, es que hemos crecido con el gusto por una "dosis" de miedo y una "rápida descarga" de enojo. ¿Por qué? Porque estas emociones estimulan la producción de ciertas sustancias químicas adictivas en nuestros cuerpos. Hay muchas personas que no pueden pasar un día sin su "cuota de adrenalina", entonces, se dedican a buscar malas situaciones y personas polémicas, para tener razones para estar enojados, y si no logran su dosis, parece que les faltara algo en su día.

Decir que el estrés es normal, que un poco de tensión está bien, es una clara manera de evitar el trabajo interior de autorresponsabilidad y el signo de un pensamiento perezoso. Todos aprendemos a pensar con lentitud y eso es, en gran medida, una desafortunada consecuencia de nuestra educación (o falta de ella), por lo tanto, la mayoría aprende a creer que está bien tener un poco de estrés. Una cosa sí es segura: cada vez hay más personas que están despertando a la realidad de que la tensión no tiene cabida en una vida plena y están haciendo algo al respecto, a nivel de sus pensamientos y sentimientos.

CONVERSACIONES DE CAFÉ

¿Alguna vez, por casualidad, oyó una conversación entre dos personas, similar a esta: "Hermano, qué difícil está todo allá afuera"? La primera persona empieza con algo así como: "Te digo... tengo mucho por hacer; las fechas se me vienen encima, mi escritorio tiene pilas de papeles y todos quieren las cosas listas para ayer. ¡Me siento tan estresado que creo que voy a morir!" Luego de la más breve de las pausas, la otra persona dice: "¿Tú estás estresado? ¡Deberías ver lo que yo tengo para hacer!" Los siguientes minutos son una letanía de "cosas", en la que cada uno se pelea por probar quién de los dos compañeros de café está más estresado. ¿Hasta dónde podemos llegar a enloquecer, qué clase de mundo hemos creado, estamos creando, cuando competimos entre nosotros para demostrar quién es el que está más estresado? ¿Qué mundo es este que mide el éxito por los niveles de tensión? Usted nunca hace eso, ¿no es cierto?

Mito 2

"Tiene que ser médico para diagnosticar y tratar el estrés"

¡No, no es verdad!

Los médicos sólo tratan los síntomas físicos, no la causa. Usted es el único que conoce los pensamientos, sentimientos y emociones que yacen en la raíz de su estrés y sólo usted puede cambiarlos. Nadie más crea sus pensamientos y sentimientos; y no es que estos sólo suceden, aunque a veces parecería que es así. Cuando aprenda a identificar y evaluar la calidad de sus pensamientos y sentimientos, entonces, podrá empezar a elegir aquellos que usted sabe son los positivos.

¿En qué está pensando ahora? ¿Qué siente en este preciso instante? Y ¿cuál es la calidad de lo que piensa y lo que siente? ¿Con qué regularidad se formula estas tres preguntas? Probablemente, de vez en cuando, o casi nunca, pues no es parte de nuestra educación. Si no nos hacemos preguntas como: "¿Qué estoy sintiendo y por qué estoy pensando y sintiendo de esta manera?" es probable que nunca lleguemos a conocernos, que nunca logremos tener una verdadera conciencia de nuestro yo, y nunca sabremos cómo es elegir conscientemente nuestros propios pensamientos y sentimientos.

Algunos dicen que este tipo de preguntas introspectivas son el comienzo del narcisismo, de creerse el ombligo del mundo, pero eso no es así. Si dedica unos minutos por día a hacer esa delicada investigación interior, aprenderá a sentir el pulso de sus propios sentimientos y, con rapidez, sabrá más íntimamente que nunca, qué debe hacer para calmarse y concentrar sus energías de la manera más eficaz.

Por cierto, si tiene alguna seria molestia física, tal vez sea el momento de visitar al médico, pero a menos que cambie sus pensamientos y sentimientos, el dolor no desaparecerá para siempre, pues, las píldoras y las pociones son irrelevantes en la tarea de ubicar un poder positivo en lo que piensa y siente. Por lo tanto, tal vez sea tiempo de ser su propio doctor, de tomar su propio pulso, percibir sus propios sentimientos y diagnosticar su propio estado. Sólo entonces, podrá interesarse naturalmente por los remedios, tratamientos y métodos "interiores" para ayudarse a liberar el dolor que llamamos estrés, y sólo entonces podrá recuperar una óptima salud mental y emocional.

Los tratamientos de su

cabeza y su corazón son muy diferentes de los de su cuerpo. Cuando verdadera y profundamente se dé cuenta de que su estrés empieza con sus propios pensamientos y emociones, y que usted es el único responsable, recién entonces la meditación, la visualización y el pensamiento positivo despertarán súbitamente su curiosidad.

DECIBELES DE PENSAMIENTO

La mayoría de las personas piensa demasiado; en promedio, cerca de 50.000 pensamientos por día ¡según dicen! ¿Por qué eso es demasiado? Porque gran parte de nuestros pensamientos se basan en la inseguridad y preocupación acerca de un futuro incierto. De hecho, la mayor parte del pensamiento es, en verdad, preocupación disfrazada de cuidado, ansiedad disimulada como interés. El pensar no nos da la fortaleza que necesitamos para llevar una vida más tranquila y plena, sino que agota nuestra energía y enturbia el acceso a nuestra propia sabiduría interior. El acto de pensar puede fácilmente ser un ruido interno que ahoga la voz de nuestro corazón. Cuando decimos: "Tengo que pensarlo", en realidad queremos decir: "No estoy seguro", y ello significa que existe una duda. Esta es una de las costumbres que se convierten en preocupación y ansiedad, y todo lo que hacen es drenar sutilmente nuestra energía.

Mito 3

3 "El estrés es necesario para lograr el máximo desempeño"

¡Decididamente, no!

Es una falsa creencia que el estrés o la presión en la gente sea necesario para que las cosas se hagan. ¿Por qué? Porque se invoca y se emplea al miedo como motivador y siempre termina en un desgaste de energía, lo que finalmente puede conducir a una dolencia física. Una forma tensionante es la que provoca el pensamiento de enojo y miedo; si se lo sostiene, lleva a la enfermedad, el ausentismo, el mal desempeño y la ruptura de relaciones; son bien conocidos también sus efectos psicosomáticos. Los pensamientos estresantes conducen a la tensión de los músculos y provocan dolores de cabeza, lo que induce a una sobreproducción de adrenalina, mientras que el enojo ha sido identificado como uno de los mayores contribuyentes del cáncer.

La tensión y el temor y, en consecuencia, la adrenalina, tal vez aparecen para que las cosas se hagan rápida y eficientemente a corto plazo, pero a largo plazo, todo esto conduce al agotamiento. Por eso no existe algo como el estrés positivo. Así como algunos han aprendido a creer que el estrés es natural, los que sostienen que es necesario para lograr el máximo de rendimiento, también demuestran un pensamiento indolente o la negación de hacer un trabajo interior para su propio cambio; probablemente sean adictos a la adrenalina. Y para aquellos que todavía creen que la reacción de dar batalla o huir ante diferentes situaciones y personas, está construida en nuestra psique, que se remonta al hombre de Neandertal y que, por lo tanto, es una respuesta natural, ¡tal vez llegó el momento de volver a pensar!

No hay nada que sea intrínseco; todo se aprende. Sí, es cierto que puede presentar batalla o huir, pero también puede elegir muchas otras opciones: puede quedarse parado, puede sonreír, puede acostarse, cantar, bailar. La razón por la que, a veces, no podemos ver las otras alternativas cuando nos encontramos en una situación de desafío, es porque el hábito más profundo que hemos aprendido es el de crear temor y luego reaccionar a partir del mismo, y es ese miedo el que cierra nuestra capacidad de elaborar opciones, sin mencionar que paraliza nuestra capacidad de evaluar las fortalezas y debilidades de cada opción y hacer la elección correcta.

Nos han enseñado a creer que tener miedo es normal y natural, que es el estrechamiento del enfoque para concentrarnos en la amenaza. Pero la verdad es que el miedo paraliza nuestra capacidad de crear lo que pueden ser nuestras respuestas más adecuadas y eficaces. El miedo es un hábito aprendido y, comúnmente, no tardamos mucho en generar ese temor ni bien percibimos el menor indicio de amenaza. Al contrario de la creencia popular, el miedo no tiene ningún valor para nuestro bienestar. Ni siquiera es necesario el temor para responder con eficacia ante el inesperado encuentro con un tigre; lo que se necesita es el enfoque frío, calmo y concentrado de un gimnasta y la creatividad del artista para actuar eficientemente. No es el tigre quien lo asusta, sino lo que usted hace con el tigre en su mente. ¿Quiénes o qué son los tigres en su vida? ¿Qué hace con ellos en su mente?

Entonces, haga desaparecer la creencia de que el estrés es necesario y reemplácela por la comprensión de que la tensión mata, apaga, agota, debilita. "Desaprenda" el hábito de temer y luego, use el taller de la vida y practique elegir y sostener respuestas diferentes ante la fecha límite, el jefe, la cantidad de tareas, la persona difícil en su vida, ese duro golpe en el campo de juego, en resumen, todas esas cosas que sirvieron de disparador de su dolor ayer y que hoy son sus maestros. Son oportunidades para afirmar su calma y creatividad, y vienen a probar su capacidad de elegir la respuesta adecuada y su poder de ponerla en práctica. Si no empieza a ser más creativo y a elegir sus respuestas, va a sufrir de la más común de las enfermedades que se conoce entre los seres humanos: ¡se llama *victimitis*! Pero seguro que usted nunca se hace la víctima, ¿no es cierto?

EL PODER DEL GENIO

El universo está hecho de energía que, en gran parte, es totalmente invisible. La energía física visible es la forma más débil que esta puede adoptar. Una bomba atómica puede ser poderosa, pero no tiene el "genio creativo" dentro de ella; usted sí. Usted es un ser consciente creativo, con el potencial no sólo para el genio sino para influir en el mundo; de usted depende. Si experimenta alguna forma de estrés, significa que no está influyendo en nada, sino que está permitiendo que el mundo influya en usted. Para encontrar su poder interior, para cultivar su genio, practique la calma. Cuando comprenda qué tranquila es la mente creativa, se dará cuenta de que la paz interior también es su poder personal.

Mito 4

"El estrés es un simple fenómeno físico y puede retirarse con un poco de descanso y relajación"

¡Puras tonterías!

La causa esencial del estrés puede hallarse en el reino no físico de los pensamientos y los sentimientos. Los tratamientos físicos, las terapias y las estrategias de relajación pueden aliviar algunos síntomas, pero no cambia su forma de pensar. La causa es su pensar y, detrás de sus pensamientos, sus creencias son una causa más profunda todavía.

La razón por la que este mito tiene tanto poder en el mundo, es que pensamos que sólo somos formas físicas y que si logramos relajar nuestros cuerpos, nuestras mentes también lo harán. Pero lo que sucede es realmente al revés: al relajar la mente, el cuerpo también se relaja. Eso no significa que no debemos cuidar nuestro cuerpo, de hecho, tenemos que hacerlo, pues el cuerpo es nuestro templo, nuestro vehículo, nuestra vestimenta y, sin él, no sería posible hablar ni crear la experiencia de nuestra vida. Por lo tanto, tal vez sea tiempo de despabilarnos y reducir el consumo y las actividades que apuntan a la relajación. Preste mucha más atención a sus pensamientos y sentimientos, aprenda a manejarlos, aprenda a llenarlos de paz y calma y luego, observe cómo su personalidad cambia para mejor, en la medida en que restablece su bienestar mental y luego, físico. Todos sabemos esto de manera intuitiva y, aun así, quedamos absorbidos por los artículos y los avisos publicitarios que dicen: "Haga esto, consuma lo otro, vaya allá y quedará libre de estrés". Estas son tonterías. Si fuera verdad, los niveles de estrés en la vida, en general, deberían bajar, no subir. En la actualidad, compramos y consumimos más cosas, viajamos a más lugares y creamos formas más sofisticadas de entretenimiento que antes, todo en nombre de la relajación. No obstante, casi a diario aparecen nuevas estadísticas que indican que los niveles de estrés, ansiedad, inseguridad y presiones laborales están en alza.

Obsérvese cuando llega a su casa a la noche: se dirige a la sala con una lata o una copa en la mano, derecho al sillón, toma el control remoto y aparece la pantalla luminosa. La película de medianoche es "Rambo III", o sea, noventa minutos de estrés, terror, miedo, enojo, frustración, etc.; y a esto lo llamamos relajarnos. Observe qué inteligentes son las personas que trabajan en el área de marketing, pues nos han convencido de que el estímulo es la relajación. ¡Tal vez, haya llegado el momento de despertar de esta dominante ilusión!

NUEVA ERA O VEJEZ MADURA

Nunca le crea a quien le diga que usted no puede cambiar o que no debería alterar su personalidad. La verdad es que usted cambia muchas veces al día. Y nunca es demasiado tarde para contemplar un cambio en la personalidad, lo que simplemente significa cambiar la manera de ver y responder ante la gente y el mundo que lo rodea; de usted depende. Puede elegir vivir con el dolor que se conoce como estrés (es lo que hace la mayoría porque parece la manera más fácil de vivir) o puede lanzarse a la aventura del autodescubrimiento. Esto no es una moda New Age pasajera. Cada vez que cambie uno de sus hábitos de crear dolor como respuesta a la vida, estará dando un paso adelante para disfrutar una vejez madura. ¡Si quiere tener vida larga y saludable, mate su estrés y su dolor con la verdad, antes de que lo maten a usted!

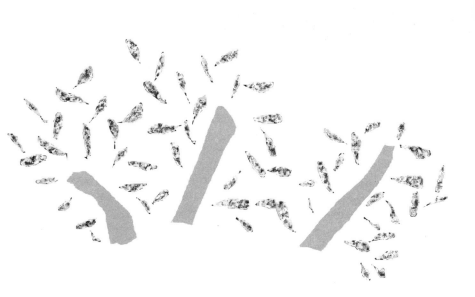

Mito 5

"Un cambio en la dieta, un poco de ejercicio y unas buenas vacaciones harán desaparecer el estrés"

Disculpe, pero ¡no es cierto!

Por la misma razón que con el mito anterior, las dietas, el ejercicio físico y las vacaciones pueden aliviar algunos de los síntomas temporariamente, pero no le ofrecerán la cura. Esto no significa que un régimen sano de comidas y la práctica de ejercicios no sean importantes, de hecho lo son, sino que no lo van a liberar del estrés. Quizás recuerde el furor de los años ochenta por correr. Cada parque local se había convertido en una autopista para miles de corredores con sus rostros surcados por el dolor, la transpiración emanando de sus cuerpos sin aliento, todo en nombre del equilibrio y la relajación. Y, de hecho, lograban relajarse, porque después de correr tres kilómetros estaban absolutamente agotados. Pero, relajarse no es quedarse exhausto o fatigarse, sino que es la capacidad de relajar su mente en cualquier parte, en cualquier momento, y saber que su cuerpo lo acompañará.

Salir de vacaciones en el siglo XXI aún puede llegar a ser una aventura, todavía puede ser un cambio de escenario, de gente, comida y clima. Y el cambio, todavía puede llegar a ser (a veces) tan bueno como el descanso. Pero, ahora usted sabe que no tiene por qué ir a ninguna parte para descansar, relajar su mente y henchir su corazón. Ahora sabe que dondequiera que vaya, aún estará con su yo al llegar, y lo que piense, sienta y haga allí, probablemente sea exactamente igual a lo que piensa, siente y hace donde se encuentra ahora.

Tal vez, esté pensando: "Pero ¿qué hay de la alegría de una fiesta, de la salud que brinda el hacer ejercicios, o la comodidad de un sofá cuando no hay que pensar en el trabajo?" Para un alma iluminada, la verdadera felicidad no se encuentra en una buena fiesta, pues las fiestas —al igual que correr, mirar la televisión o perseguir una pelotita en la cancha— son todas formas de evitar el trabajo interior de autocontrol y autodominio. Siga disfrutando de sus actividades de tiempo libre, no deje de hacer ejercicios, no deje de concurrir a las fiestas, pero no espere que todo esto lo libere de su estrés ni le proporcione ese sentimiento real y duradero de felicidad. Es probable que le alivien ciertos dolores y le levanten el ánimo temporariamente, haciéndole sentir algo parecido a la felicidad, mas esto es sólo una ilusión. Tal vez, usted ya haya percibido esta verdad.

Probablemente, esto no sea lo que quería oír, y ahora esté pensando: "No estoy de acuerdo con eso"; está bien, pero reflexione en la causa de su disenso. ¿Será porque sus fiestas y sus ejercicios se ven amenazados o porque no lo ha pensado en profundidad? ¿Por qué cree que después de que se inventaron tantos remedios para el estrés y se escribió, elaboró, comercializó y gastó tanto al respecto, hay más estrés allí afuera que nunca? Es simple, eso se llama negación. Evitamos hacer el trabajo interior de asumir la responsabilidad por nuestros propios pensamientos y sentimientos. Todo en nuestra vida, incluyendo nuestro destino, empieza en nuestro cerebro. Lamento tener que repetir esto, pero me llevó mucho tiempo darme cuenta verdaderamente; tuve que oírlo cientos de veces, de mil maneras diferentes.

¡RETÍRESE!

Los días festivos provienen del concepto de días sagrados, días que uno dedica al descanso y la renovación. No son para jaranear ni para quejarse, no son para dormir ni ser perezoso. Los días festivos están para dedicarlos a nuestro ser, para poder hallarnos y reabastecer nuestra paz espiritual; esa paz que ya existe y siempre ha existido, dentro de nuestros propios corazones. Es un tiempo para recargar nuestras pilas espirituales de adentro hacia fuera, y recordarnos cuál es nuestro verdadero propósito en la vida. ¿Tiene conciencia de su propia paz espiritual interior? ¿Conoce su verdadero propósito en la vida? ¡Muy pocos lo hacen! Un buen consejo: reserve al menos dos días de fiesta por año y dedíquelos a un retiro espiritual; ¡no un retiro religioso, sino espiritual! Hay diferencia entre ambos.

Mito 6

"Para experimentar estrés, tiene que trabajar catorce horas por día y estar permanentemente bajo presión"

¡No, no tiene que hacer eso!

Algunas personas sólo trabajan unas pocas horas al día y casi nunca deben enfrentarse a las fechas límite o a otro tipo de presiones, pero tienen más estrés que aquellos que trabajan muchas horas y deben cumplir con plazos sumamente rigurosos. No es lo que hace ni cuándo lo hace, lo que provoca el estrés, sino cómo percibe los "qués" y "cuándos" de la vida cotidiana; o sea, es su percepción.

¿Ha observado alguna vez a dos personas haciendo un trabajo igual o similar, con los mismos plazos de entrega? Una se arranca el cabello con una ansiedad casi palpable, mientras que para la otra, es una brisa. ¿Por qué esa diferencia?, por la percepción. Es cómo cada uno percibe lo que hace y su posible resultado; su percepción se basa en sus creencias. Si usted cree que su felicidad se basa en lo que hace y que si no

cumple con la entrega a tiempo lo van a despedir o que las figuras de autoridad en su vida tienen el derecho de castigarlo y provocarle dolor por incumplimiento, entonces, el estrés será su compañero dondequiera que vaya y haga lo que hiciere, por el resto de su vida. Pero si usted cree en usted mismo, si cree que puede controlar sus emociones, si cree que nadie puede lastimarlo sin su permiso, si siente que no cum-

plir con una fecha de entrega no es el fin del mundo ni de su trabajo o que en la vida habrá veces en que se excederá en los plazos, pero por eso usted no desmerecerá como persona, entonces, siempre podrá relajarse, dondequiera que esté y aunque el término sea muy corto. Y, paradójicamente, tendrá muchas menos probabilidades de sobrepasar las fechas consignadas, que aquel que, de manera habitual, se preocupa por todo.

¿Está listo para desafiar sus creencias? No es la otra gente ni el sistema ni la jugada que aparentemente la vida le repartió, lo que lo mantiene encerrado en patrones estresantes de pensamiento y comportamiento, sino sus creencias; cámbielas y cambiará todo.

Las creencias no vienen incorporadas en su ADN, sino que se aprenden. Las aprendemos y las enviamos a nuestro subconsciente, entonces, ellas aparecen de improviso en la superficie, mediante nuestros pensamientos, emociones y palabras. El problema es que no sólo tenemos creencias, sino que nos identificamos con 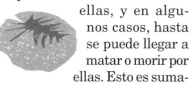 ellas, y en algunos casos, hasta se puede llegar a matar o morir por ellas. Esto es sumamente tonto, cuando uno se da cuenta de que la creencia no es la verdad y que no hay nada que merezca morir por ello.

Pero tal vez usted piense de manera diferente, y para mí está bien, dado que no estoy aquí para convencerlo de algo. De hecho, ¡ni siquiera tiene que creer una sola palabra de lo que digo!

UNA VIDA CON TIEMPO ES UNA VIDA ÚTIL

El reloj en la pared no es tiempo, simplemente es una manera de simbolizar el paso de la experiencia humana. No es nuestro amo, es nuestra creación. No podemos ahorrar tiempo, perder tiempo, acelerar el tiempo. Aunque, de hecho, en cierta medida sí puede hacerlo, porque usted ES tiempo. El tiempo es vida y usted es vida. Cuando gasta tiempo se gasta a sí mismo, por lo tanto, ¡tenga cuidado! No deje que nadie más gaste su vida. Consulte con los que saben, cómo ellos pasan sus vidas. Usted no puede perder tiempo, pero sí puede desperdiciarlo; no puede preservar tiempo, pero puede preservar la vida. Empiece con la suya, de manera simple, con conciencia, dándose cuenta de su individualidad. Verá que, naturalmente, aflorará la sabiduría.

Mito 7

"Otras personas, situaciones y acontecimientos son los responsables de su estrés"

¡No, no lo son!

Este es el mito más común, que se conoce también como la primera enfermedad global, llamada "victimitis". Nuestra manera de responder ante la gente y los acontecimientos radica en el corazón de nuestro estrés. El manejo de la tensión es, en verdad, el manejo de nosotros mismos. Si le hace juicio a alguien porque cree que le causó estrés, sostiene la ilusión de que usted no es responsable de lo que piensa, siente, decide y hace. En otras palabras, lo que está diciendo es que alguien más puede vivir la vida por usted.

Este es, sin lugar a dudas, el más común de los mitos o ilusiones, porque nuestro mundo entero tiende a actuar sobre la premisa de que los demás son responsables de nuestra manera de sentir y de lo que sucede en nuestra vida. Hasta los líderes de las naciones culpan a los demás por lo que sienten y, de ahí, demuestran cómo se restan poder y asumen el papel de víctimas. Escuche sus conversaciones con los otros y descubra cuántas veces y de qué diferentes maneras dice: "Soy una víctima" o "me siento así por culpa de algo o alguien más".

El manejo del verdadero estrés o de uno mismo se basa en el principio de asumir la total responsabilidad por los sentimientos de incomodidad emocional, mental y espiritual. El manejo del verdadero estrés o de uno mismo elige responder activamente a favor de todo lo que sucede fuera del yo. No es el tren que llegó tarde ni la abolladura del auto lo que le provoca disgustos, sino la manera en que elige responder a esos acontecimientos. Si su respuesta es tensionante, es un signo de que usted depende de su auto para elevar su propio valor, o de la aprobación de los demás para su autoestima. Estos errores básicos se aprenden temprano en la vida y pueden dejarnos atrapados en el dolor, para siempre, si los dejamos. Nunca base su autoestima o el valor por usted mismo en algo externo.

El hecho de hacerse responsable de su capacidad de dar respuesta, de elegir mantener su calma y compostura, posibilitando permanecer positivo ante todo tipo de acontecimiento, es el signo de un alma iluminada en un mundo muy poco esclarecido. Pero el cultivar estas aptitudes significa que llegó la hora de volver a ser un alumno. Poder alcanzar la etapa en la que permanecemos tranquilos y calmos cuando todo a nuestro alrededor elige el pánico y el caos, significa que debemos prepararnos para aprender sobre nuestro yo interior, aprender a controlar nuestra manera de pensar, aprender a desafiar nuestras creencias y elegir diferentes percepciones. Una vez que puede comprobar que es usted mismo el que se lastima y no los demás, ya se encuentra a mitad de camino, de regreso a casa. En la otra mitad del viaje, tiene que romper el hábito de culpar a los demás y de proyectar su dolor en ellos.

¡La otra persona nunca es el problema! Cuando, en verdad, logre ver esto, podrá volver a despertar y sentirse libre.

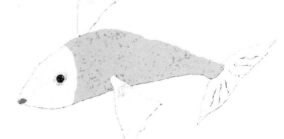

MIRE, ESCUCHE Y AME

No olvide que todos están siempre en dos lugares al mismo tiempo: "allí afuera", pero también "aquí adentro", en su cabeza. Si se enoja con ellos allí afuera, no sólo será el primero en sufrir, sino que, en efecto, se enojará con usted mismo, y eso es como tomar un cuchillo y clavárselo en su propio cuerpo. Usted no elegiría hacer eso, ¿no es cierto? Nunca se enoje, por ninguna circunstancia. Y si lo hace (y lo hará), hasta que aprenda a librarse del hábito, no se enoje con usted mismo por eso. Sane el enojo con sabiduría y amor desde su corazón, para usted mismo. Está allí. Todo lo que tiene que hacer es detenerse, mirar en su interior y escuchar. Pídale a alguien que ya lo esté haciendo, que le explique cómo hacerlo. Mejor todavía: aprenda a meditar; para eso sirve la meditación.

Segunda Sección

Sabiduría y verdad

Las siete revelaciones esenciales de su ser

¡La necesidad de saber!

Puede pasar toda una vida conduciendo un auto y nunca saber qué sucede cuando se rompe. Entonces, en ese caso, estará completamente a merced de los demás para que lo arreglen. En ese momento, es probable que diga: "¡Dios, cómo me gustaría saber cómo funciona esta cosa...!" ¿Le suena familiar? Por desgracia, Dios no puede ayudarlo con la mecánica del automóvil.

Con su yo sucede casi lo mismo. Si no sabe quién es y cómo funciona, ¿cómo puede resolver de qué manera arreglará las cosas cuando se rompan? Ya hemos visto que la presencia de estrés o de cualquier forma de dolor mental o emocional, es una señal de que algo se ha roto en el motor de su conciencia. Aquí, no estamos hablando del cuerpo; si llegara a tener algo mal en su cuerpo, es obvio que debe ver a un médico. Pero, aún así, si tiene algo de esclarecimiento, sabe que la causa original de su enfermedad física yace dentro de su conciencia, su estado de ánimo, sus sentimientos y emociones, los que, a su vez, se encuentran en sus creencias, la mayoría de las cuales están enraizadas profundamente en su subconsciente. Por lo tanto, si hay que hacer algunas reparaciones es necesario que sepa ciertas cosas, cosas esenciales sobre su espíritu, mente, corazón y cuerpo.

Si vamos a manejar con éxito nuestro yo y nuestra vida, sería conveniente que volviéramos a la escuela. No a la de nuestra infancia y no para aprender el abecedario, sino para aprender sobre uno mismo, sobre ese sujeto que estuvo ausente en toda nuestra educación. ¿Está listo para volver al colegio? ¿Tiene la suficiente humildad como para colocarse el guardapolvo de estudiante y ser alumno otra vez? ¿Está interesado en aprender sobre los mecanismos de su propia conciencia, que crean los resultados de nuestra vida? Si tiene interés y valora una continua capacitación, descubrirá que el verdadero aprendizaje no tiene nada que ver con recordar cosas; de hecho, es más parecido a lo opuesto. No es necesario tener que recordar las verdaderas lecciones de la vida, dado que no pueden olvidarse. Eso es lo que hace que un verdadero aprendizaje sea una experiencia alegre, concientizadora y esclarecedora. Cuando en verdad se vista el guardapolvo de estudiante otra vez, verá que su vida es su escuela, que cada escena es un taller, que las personas de su entorno son sus maestros y que toda interacción lleva consigo una lección potencial que debe discernir y aprender.

Puede que haya siete millones de cosas que podría saber sobre usted mismo, que serían de suma utilidad, aunque no todas son necesarias en lo inmediato. Pero hay siete cosas que son útiles ahora, inmediatamente, y es probable que también sean esenciales para su bienestar, ya mismo. Cualquiera de ellas lo ayudará a comprender cómo y por qué usted se crea dolor y cómo puede arreglar las cosas sin tener que pedírselo a alguien que lleva la terminación "ista" en el título de su profesión.

POR LAS DUDAS

Algunas personas no saben cómo identificar el dolor. Lo han sentido durante tanto tiempo que llegaron a pensar que es normal, incluso benéfico. Algunos hasta se han vuelto adictos a su sufrimiento. Todas las emociones que se presentan a continuación son distintas formas de dolor, y cada una de ellas nos dice que hay algo que debemos aprender, para hacer los cambios en nuestra manera de crear nuestra experiencia de vida. Estas son: enojo, irritación, frustración, rabia, ansiedad, tensión, miedo, terror, tristeza, melancolía, depresión, desesperanza, impotencia, preocupación. Nuestras creencias nos han enseñado que son una parte natural de la vida, pero no lo son y necesitan sanarse. También debemos saber, en primer lugar, cómo no crearlas.

Revelación 1

Su identidad

¡Usted no es lo que le hicieron creer que es!

Esta es quizás la más profunda e importante revelación, pero tiene muy poco valor si hace de ella una lectura rápida. Léala veinte veces por día, deténgase en ella, contémplela, desafíela y medite sobre ella; tome conciencia de esa realidad dentro de su ser. Esta revelación, si usted lo permite, va a transformar su vida. ¿Está listo? ¿Está sentado cómodamente? Entonces, manos a la obra.

Lo que ve en el espejo del baño a la mañana no es usted, es sólo su cuerpo. En el momento en que piensa (o cree) que usted es su cuerpo, automáticamente piensa (o cree) que se va a poner viejo, feo y morirá. Si bien su cuerpo lo hará, USTED no. Pero si cree que a USTED le pasará eso, pensará según esa creencia y el miedo cobrará vida. Y, como ya hemos visto antes, todas las formas de estrés se basan en el miedo.

Todo temor tiene sus raíces en el miedo a la muerte, miedo a la pérdida, al abandono de la comodidad. Todas estas son formas de muertes y por eso, el 99,99% de la gente experimenta estrés (miedo) de alguna manera, cada día, porque nos han enseñado a creer que sólo somos entidades físicas. Sin embargo, la creencia rara vez es verdad y, en este caso, necesitamos que la verdad nos libere de las falsas creencias. Aquí, la verdad lo va a liberar del temor y, por lo tanto, del estrés.

La verdad es que usted no es ese cuerpo que ve reflejado en el espejo, usted es un alma, un espíritu. Y esto no significa que tiene un alma o un espíritu en alguna parte dentro de su cuerpo, sino que usted ES un alma. Usted, el alma, es consciente y se da cuenta; alma, yo, espíritu y conciencia son sinónimos. Usted no es el cuerpo que ocupa; el cuerpo es la morada y usted es el habitante que anima al cuerpo; es su auto, su templo. A usted no lo pueden cortar, quemar, ahogar ni prender fuego; sí pueden hacérselo a su cuerpo, pero no a USTED.

Los científicos no tienen nada que decir sobre el alma, porque esta no puede encerrarse en un tubo de ensayo. Por eso, no debe creer una sola palabra de lo que lee o escucha (¡ni siquiera aquí!) y debe ponerlo a prueba. Sólo cuando evalúe esta revelación y compruebe que es la verdad, entonces será la realidad para usted. La creencia no es la verdad; la mayor de las verdades es su propia experiencia o, en este caso, "insperiencia" porque para "insperimentar" quién es usted realmente, debe remover su atención del mundo exterior y transferirla al mundo interior. Hágalo por unos instantes para empezar, hasta que se acostumbre al método que explicamos a continuación:

Piense en usted como un punto de luz espiritual consciente, con conocimiento de sí mismo, dentro de su cabeza, justo arriba y detrás de sus ojos. Su cuerpo es, tan sólo, su templo, su vestimenta.

Medite sobre esta revelación y gradualmente se convertirá en una "insperiencia" directa. Empezará a ir más allá de sus propios pensamientos (usted no es sus pensamientos) y se adentrará en la directa experiencia de su yo silencioso. Comenzará a darse cuenta de usted mismo y a experimentar su yo como algo no físico y, por lo tanto, no sujeto a la muerte; entonces, no tendrá nada que temer. A medida que esta verdad se torna más real en las situaciones cotidianas, empezará a sentirse menos temeroso, menos inseguro, menos ansioso, menos indefenso, menos dependiente y menos impotente. De manera lenta pero firme, en cada área de su vida, comenzará a sentirse más tranquilo, más relajado y tendrá más confianza en su poder y capacidad de manejar los desafíos con los que se topa en su diario vivir.

Ahora, la verdad es que usted ya sabía todo esto, simplemente lo olvidó. Entonces, el truco está en recordárselo cientos de veces por día: que usted no es su nombre, su posición social, su nacionalidad o sus creencias. Estos son rótulos y roles, pero no son usted; ni siquiera es masculino o femenino. Usted es el aspecto esencial del ser humano: la mente, no la materia; el alma, no el cuerpo; ni siquiera es sus pensamientos o sentimientos. Cuando se dé cuenta de esto, entonces el cambio llegará fácilmente, sus problemas empezarán a disolverse y volverán una felicidad natural y una profunda paz interior.

MORIR VIVO

Hay un antiguo dicho budista: "Si mueres antes de morir, entonces, cuando mueras, no morirás". Esto, simplemente, significa que cuando deja de identificarse con algo que no es lo esencial en usted, entonces, en cierto modo está muerto. Significa que usted ha elegido morir ante la ilusión: la ilusión de que usted es físico, la ilusión de que usted es su nacionalidad, su profesión, sus posesiones, etc., y ahora está completamente vivo, consciente y alerta ante la realidad de lo que usted es. Por eso, el arte del desprendimiento es una manera tan poderosa de llegar a la libertad y la paz interior.

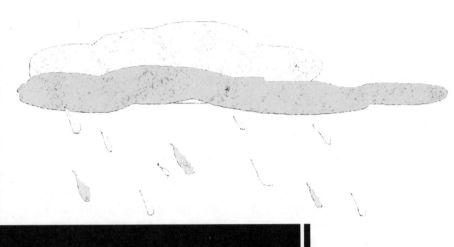

Revelación 2

Su naturaleza

¡Usted está increíblemente espléndido, pero no verá su belleza en el espejo del baño!

En verdad, no importa si piensa que es bien parecido o no, pues la verdadera belleza no puede tocarse y, ni siquiera, verse con los ojos físicos. Verá y tocará la verdadera belleza cuando sienta su propia paz interior; conocerá y sentirá su verdadera belleza cuando pueda entregar con amor y no pretenda nada a cambio. Experimentará su verdadera belleza cuando esté contento con usted mismo y con su vida interior, sin ningún tipo de estímulo externo, pues, estas son las auténticas experiencias y expresiones de belleza que vienen desde adentro hacia afuera.

Nuestra verdadera naturaleza no es de enojo u odio, de temor o tristeza; todo esto lo aprendemos en nuestro viaje por la vida, cuando nos dejamos influir por los demás y por el mundo que nos rodea. Cuando aceptemos esta posibilidad, experimentemos con ella en meditación y, directamente, "insperimentemos" estas cualidades interiores de nuestra verdadera esencia, nos daremos cuenta de que la paz interior, el verdadero amor (no el romántico) y la verdadera felicidad no serán para nada dependientes. Usted es un alma bella y poderosa; siempre lo ha sido, pero lo ha olvidado. Perdió la conciencia de su verdadero yo, perdió de vista su belleza interior, le creyó a los demás cuando hacían comentarios sobre su cuerpo: "Ah, mírenlo, ¿no es un lindo muchacho?" o "¿no tiene ella, acaso, una espléndida figura?" Y en esos momentos creyó que usted es su cuerpo y sucumbió ante el hechizo de la ilusión de que la belleza sólo es física. En esos momentos, fatalmente aprendió a construir su autoestima según su apariencia física.

También perdió la conciencia de su verdadera esencia y su real belleza, cuando la gente empezó a hacer comentarios sobre su personalidad y comportamiento. En el instante en que descubrió que al contar un chiste atraía la atención de los demás, o que ser tímida despertaba compasión, o que ser agresivo infundía miedo en los otros, empezó a crear su propia imagen alrededor de ciertos comportamientos negativos.

Dese un respiro, una oportunidad de recordar, de "insperimentar" y darse cuenta de quién es en verdad, y redescubrirá su verdadera naturaleza, que es tranquila, amorosa, alegre y muy poderosa. Estos son los tesoros interiores de todo ser humano, independientemente de lo que piensen, crean, hagan o hayan hecho. Estos atributos son la verdadera naturaleza o las cualidades naturales del ser, y eso significa de todos los seres. Son cualidades que todo individuo siempre está buscando y que no puede encontrar en la tienda más cercana; no vienen en cajas ni en botellas, sino que provienen del interior y se exteriorizan. Son formas de ser a las que uno puede acceder desde su interior en cualquier momento, sólo se necesita ser un poco curioso y estar listo para prestarles atención. Cual niños pequeños y tímidos, quieren que usted tenga una mirada introspectiva hacia ellos, que los ame un poco y que los persuada para que salgan de su corazón. Si lo hace, descubrirá la real riqueza, la riqueza de su verdadera naturaleza, subyacente, eterna y magnífica.

Ni bien le otorga expresión a cualquiera de estos tesoros, en cuanto pone paz en una reunión ruidosa y agresiva, cuando ofrece la aceptación y el perdón donde otros esperan juicio y castigo, si usted se contenta con lo que tiene y le enseña a los demás a hacer lo mismo, le estará dando expresión a su belleza natural. Usted le entrega los dones de su ser a los demás. Y adivine qué es lo que recibirá a cambio. Tal vez, no de inmediato, pero finalmente lo mismo llegará para usted.

IDENTIDAD FATAL

Mire al fanático del fútbol y sienta compasión por él. Se pierde en su equipo, en los colores, el escudo, el club y sus héroes. No sabe quién es en verdad, y se encuentra bajo la ilusión de que es un fan de fútbol y por eso, no sabe lo que hace. Lo sabe y sin embargo... no lo sabe. En el momento en que se identifica con algo que no es usted, ya sea un objeto, una idea, una filosofía, un equipo, etc., se pierde en la ilusión de lo que no es, y es así como le abre la puerta al temor y al enojo para que sean sus compañeros y se queden a vivir dentro de su carácter. Su belleza se pierde en el mundo y su corazón derrama sus propias lágrimas y lamenta esa pérdida todos los días.

Revelación 3

3 Su responsabilidad

Su destino nunca se le escapará de sus manos; ¡sólo parece!

En el momento en que apunta con su dedo físico o mental a alguien o algo para echarle la culpa por su estado de ánimo, usted está regalando su poder. No hay nada ni nadie que pueda hacerle sentir algo sin su permiso o — para decirlo en otras palabras— no es lo que usted me dice o me hace lo que provoca esa sensación en mí, sino lo que yo hago con lo que usted me hace o me dice. Vale la pena leer esa línea diez veces hasta que pueda memorizarla. Es el pórtico hacia la verdadera libertad y el restablecimiento de su poder personal.

En última instancia, la responsabilidad que asume por sus respuestas ante la vida que lo rodea —y, por lo tanto, lo que regresa a usted—, yace en la elección de su percepción.

Su percepción es su interpretación de lo que sucede a su alrededor; sí, es una elección, pero sólo si usted tiene la suficiente autoconciencia para hacerlo.

Su percepción va a influir completamente en su manera de pensar, sentir y hacer, como respuesta a la gente y al mundo de su entorno. Si percibe a alguien de manera negativa, entonces, responderá con energía negativa y será el primero en sufrir. Le enviará un pequeño paquete de energía negativa sumamente invisible, que un día volverá a su remitente.

La mayoría de nosotros estamos entrenados, condicionados por nuestros padres y por la sociedad —incluso nos han lavado el cerebro— para percibir lo negativo y ver lo peor en una persona, una situación o en nosotros mismos. No es asombroso que haya tanta infelicidad a nuestro alrededor, en especial en las llamadas sociedades desarrolladas, donde la mayoría de la gente vive en un relativo confort. El hábito de percibir lo negativo y adoptar un punto de vista pesimista, ahora está dominando a nuestro mundo. Independientemente de lo bien que vayan las cosas, una mente condicionada en forma negativa (sistema de creencia) siempre percibirá lo negativo, buscará lo negativo y hasta inventará lo negativo cuando no esté allí (a veces, los medios son bastante brillantes en este oscuro arte) y luego, se diseminará como una enfermedad contagiosa.

La percepción definitiva es que todo lo que sucede —y eso significa *todo*— ocurre por alguna razón. Detrás de todo lo que sucede a su alrededor y de todo lo que le pasa hay un significado, una lección, un conocimiento que debe percibir, ver y sentir. Pero, si se toma las cosas a pecho y las percibe de manera equivocada, no podrá ver el significado subyacente de los acontecimientos ni la importancia de la presencia de ciertas personas y, tal vez, se pierda fácilmente las lecciones de la vida. Va a reaccionar de manera automática en vez de responder con creatividad; usted estará controlado por sus emociones en lugar de decidir exactamente qué es lo que siente. Esto parece y se siente como una esclavitud. En el momento en que le atribuye lo que usted siente, piensa y hace, a alguien más, en ese momento se está convirtiendo en su esclavo personal.

El autodominio es tener conciencia de nuestra percepción y de los consiguientes pensamientos, eligiendo a sabiendas a ambos para luego, actuar en consecuencia. El resultado se conoce como destino. Observe los resultados que ha obtenido hasta aquí, los "exteriores" (dónde está, qué está haciendo, el estado de sus relaciones) y los "interiores" (su estado de ánimo, el nivel de su autoestima, etc.). ¿Hay algún resultado que quisiera modificar? ¿Sí?

Entonces, no sea tonto y no trate de cambiar los acontecimientos o a otras personas (lo que la mayoría de la gente intenta hacer). Las situaciones que nos gustaría cambiar están siempre en el pasado y, tanto la gente como el pasado, son dos cosas de la vida que usted nunca podrá modificar jamás. La próxima vez elija rectificar su respuesta, empezando por su percepción. Cuando logre cambiar su percepción y, por lo tanto, su respuesta, recién entonces descubrirá que su destino vuelve a estar en sus manos. De la única cosa que usted es completamente responsable en esta vida es de su propio destino; no se lo regale a los demás.

PERCEPCIÓN QUE DESPIERTA

Dicen que la percepción es la realidad; y lo es para cada uno de nosotros, sin excepción. ¿Está la mitad del vaso llena o vacía?¿Usted es un ser desagradable, mezquino, pesimista, desdichado y egoísta; es el tipo de persona que "sólo atiende a los números uno"?O, ¿usted es una persona generosa, ilimitada, atenta, desinteresada, positiva, cariñosa incondicionalmente? De la manera que elija percibirse, entonces, así será y así actuará, y así será su destino. Su percepción es a la vez su realidad y su elección. Si puede aprender a hacer esta elección, será un alma que habrá despertado y el esclarecimiento le llegará con facilidad.

Revelación 4

Sus creencias

Olvídese del destino ciego, pues es la creencia ciega la que hace que la vida sea una experiencia infeliz y tensionante

Las influencias más poderosas de su vida, desde que se inicia en el día cero hasta los momentos finales, son invisibles, intangibles y están enterradas en lo más profundo de su conciencia.

Existen, al menos, cientos, probablemente miles de creencias dentro de su subconsciente. Se encuentran fuera de su conciencia, día tras día, minuto tras minuto, hasta que en una discusión o en un debate, dice: "Yo creo..." Las creencias pueden vincularse con los programas de computación. Se han recogido, absorbido, asimilado y aprendido durante toda la vida, pero no existen rastros de las vidas anteriores; son la influencia más poderosa sobre la percepción que tiene de usted mismo y del mundo a su alrededor.

Las creencias más comunes acerca de nuestro yo empiezan con las palabras "no puedo", y si cree que no puede, entonces, adivine... ¡no podrá! En ese momento decidirá respecto de su destino, en forma parcial pero de manera muy significativa. O, si cree que no es merecedor de felicidad, por la razón que fuere, entonces, adivine... ¡nunca será feliz! Es así de simple. Dichas creencias sobre su yo se conocen como "creencias fatales", y son fatales porque no lo dejan expandir su capacidad; le obstruyen el paso para que no salga de sus zonas de comodidad; le impiden aprender, cambiar, crecer y ser todo lo que puede ser. De modo que son, en verdad, fatales.

En nuestras relaciones tendemos a elaborar "creencias bloqueadoras". En el momento en que juzga a alguien y le coloca un rótulo, usted bloquea el flujo de energía en esa relación. Es muy fácil de hacer y se nota en su manera de hablar de los demás; por ejemplo: "El jefe es estúpido... mi hijo está loco... el Presidente es una persona desagradable". En esos momentos de enjuiciamiento y condena dejamos de tratar de comprender al otro, y la relación, en verdad, se paraliza. Tenga cuidado con lo que dice y piensa de los demás.

Ahora despleguemos un poco el panorama. Si cree en la evolución, entonces, sostiene que la vida es un curso de supervivencia donde sólo llegan los más fuertes, por lo tanto, va a percibir el mundo como un lugar peligroso y amenazante, lleno de ganadores y perdedores. Pensará de manera competitiva y su emoción predominante será el miedo en sus múltiples facetas. Va a tratar de manipular y controlar a los demás, para sobrevivir. Se sentirá sumamente alterado cuando experimente el fracaso, cosa que seguramente va a suceder, y quedará condenado a una vida de estrés (temor), fracaso (simplemente no puede controlar a otro ser humano) y, en consecuencia, a una baja autoestima. Este es el poder y el efecto de sólo una creencia en su vida.

Si usted explora, examina, cuestiona y desafía sus creencias, rápidamente presenciará que una creencia es responsable de todo el dolor y sufrimiento del mundo. Tenemos la creencia de que somos seres físicos, limitados y mortales, cuya belleza y, por lo tanto, el éxito y la felicidad, dependen de nuestra forma exterior, de nuestra apariencia y de todos los objetos materiales que podemos acumular. Esa es la principal creencia equivocada y el mayor error que se pueda cometer. Todos heredamos esta creencia, que se va fortaleciendo de generación en generación. Por lo tanto, todos aprendemos a cometer el mismo error. Considere esta creencia, piense en ella, y en el momento en que se dé cuenta de que es una ilusión, estará a un milímetro de distancia de la verdad. Y recuerde: la recompensa de la verdad es la libertad; y la verdadera felicidad es el premio de la verdadera libertad.

CONFIAR O NO CONFIAR...

En el contexto de nuestras relaciones, todos hemos creído lo siguiente, al menos de una persona: "No se puede confiar en ella". La confianza parece ser lo primero que se va y lo último que vuelve, en muchas de nuestras relaciones. ¿Por qué? Porque nos hicieron algo ayer, o la semana pasada, que nos ha decepcionado, entonces, nos sentimos heridos y padecemos dolor; y les atribuimos nuestra pena a ellos, creemos que ellos nos han lastimado. Disculpe, pero esto es un error. Por favor, repita lo siguiente unas cien veces al día: "Nadie puede herirme, pero puedo usar a los demás para lastimarme yo mismo". O, dicho de otra manera, nadie puede herirlo sin su permiso. Pensar que alguien puede lastimarlo es una creencia sumamente común y también, muy poco esclarecedora.

Revelación 5

Autocontrol

5

Usted cree que es libre, ¿no es cierto? Pues, no, ¡no lo es! No lo será hasta que pueda elegir conscientemente, todos los días, qué hacer con la energía de su vida

¿Usted tiene control sobre su vida o pasa gran parte de su tiempo tratando de controlar a los demás? Si hace esto último está condenado al fracaso, porque hay una sola cosa que no puede controlar en la vida: a los otros seres humanos. Pero, el más común de los comportamientos humanos en todos los rincones del mundo es tratar de controlar a los demás, física, emocional o mentalmente.

En el momento en que se empieza a sentir apenas alterado con alguien, significa que está tratando de controlar aquello que no puede. También, es probable que esté imitando el comportamiento de sus padres, maestros o de cualquiera de esos "grandes" que todos observábamos de pequeños.

Era en ese momento cuando aprendía a tratar de controlar aquello que no podía. Si utiliza una amenaza para lograr que los demás hagan algo debido a sus artimañas, y lo hacen, es probable que usted sucumba a la ilusión de que los está controlando, mas ciertamente, sólo será una ilusión. Ellos siguen controlando sus pensamientos y decisiones, pero es como si hubieran perdido la conciencia de ello, y como si estuvieran motivados por el miedo que aparentemente usted ha creado en ellos; aunque no fue usted, sino ellos, los que crearon su propio miedo. Del mismo modo, usted le atribuye su temor a los demás cuando, en verdad, se lo ha creado usted mismo. Llegará el día en que se encuentre con alguien que no va a responder a sus amenazas y que se habrá dado cuenta de que es responsable de sus propias reacciones emocionales, más allá de quién esté frente a esa persona, y habrá logrado la suficiente seguridad como para no dejarse intimidar emocionalmente.

Por otra parte, tal vez usted piensa que los demás lo controlan, pues no es cierto. ¡El peor gobierno del mundo, el más dictatorial, no controla al pueblo sin su permiso! Tal vez haya algunas personas en su vida privada ante las que usted, aparentemente, siempre se inclina o somete. Eso, tan sólo significa que debe trabajar sobre su autoimagen y su autoestima (están conectadas). Nadie puede controlarlo... y punto. Usted no "tiene" que pensar, sentir o hacer alguna cosa, tampoco tiene que levantarse a la mañana e ir al trabajo, pero probablemente piensa que sí "tiene" que hacerlo, porque lo cree y cree que todos también deben hacerlo. ¿Por qué? Porque piensa (cree) que la sociedad lo controla a usted; sin embargo, no es así.

Controlar su propia vida significa despertar a las ilusiones que ha asimilado de su familia, educación y cultura. Abrirse paso en la jungla de las falsas creencias y llegar a la verdad; significa tomarse el tiempo para escuchar la sabiduría eterna y trabajar con ella desde la interioridad. Significa desafiar todas las creencias, no resistir ni discutir ni luchar, sino desafiar sus creencias, sólo porque, tanto su cerebro como su corazón, quieren conocer la verdad, pero está demasiado ocupado para todo eso... ¿no es cierto? Ante esa situación usted dice: "Disculpe, estoy demasiado ocupado para todas estas cosas de la introspección". Lo que está diciendo es que, para usted, hacer algo tiene más valor que despertar; siempre es una elección personal. Pero preferimos pensar en nosotros como víctimas de la organización, del gobierno, incluso del pasado, más que tomar el control de nuestras propias vidas.

Hacerse la víctima es más fácil, en especial cuando todos los demás lo hacen también, pues la víctima vive su sufrimiento autocreado.

Si decide despertar, entonces, descubrirá que puede controlar su yo, sus pensamientos, sentimientos y comportamientos y, por lo tanto, su vida. Y cuando lo haga, su felicidad, su paz espiritual y poder personal, siempre estarán allí, apenas un segundo detrás. Lamentablemente, muchos prefieren permanecer dormidos y culpar al mundo por su dolor.

¡NO HAY PROBLEMA!

Cuando uno comprende que, en definitiva, no existe tal cosa como un problema, sino sólo situaciones que pueden mejorarse, efectivamente está eligiendo aferrarse a la percepción más activa. Hay espacio para mejorar en cualquier situación, porque hay espacio para mejorar en cada uno de nosotros. Lamentablemente, usamos el lenguaje de los problemas para describir casi todas las situaciones, acontecimientos y circunstancias, incluyendo las que se encuentran dentro de nuestra propia mente y corazón; en el momento en que lo hacemos, nuestra energía se disipa. Entonces, en primer lugar, nos resulta difícil comprender por qué la situación o el acontecimiento sucedió. Tenemos que conocer la causa para conocer la cura. En última instancia, un alma iluminada sabe que un problema es sólo una percepción, sólo una interpretación de la situación. Dentro de las percepciones más positivas y esclarecedoras están el desafío, la oportunidad y la lección. Dichas percepciones esclarecedoras, entonces, dan nacimiento a una respuesta mucho más creativa. La verdad es que los problemas existen sólo en la mente. El día en que realmente vea esa verdad, sabrá que acaba de vivir un momento definitivamente ¡AJÁ!

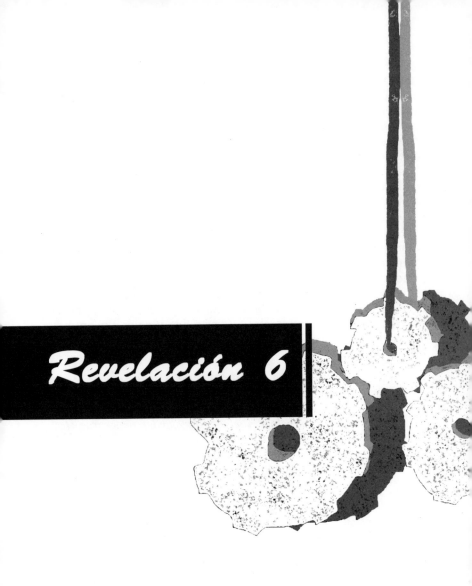

Revelación 6

Las paradojas de la vida

Usted ya es perfecto, ya tiene todo lo que necesitará por siempre y ya es completamente libre. Lo que sucede es que no lo sabe

La vida está llena de paradojas. Por ejemplo, si quiere estar cómodo, tiene que soltar todas sus comodidades, pues el apego a algo que, según usted, le depara confort, es lo que lo hace sentir incómodo. Y no se dará cuenta de esto hasta que aprenda que el verdadero bienestar, el de su corazón, no proviene de los objetos, de la gente o de algo externo. El auténtico bienestar, la verdadera relajación, es un estado de ánimo que se crea en el interior y no afuera.

La otra paradoja es que, para recibir, hay que dar. Por cierto, esta idea no es novedosa, pero hay muy poca gente que, en verdad, la practica. Si quiere recibir amor y respeto, tiene que dar amor sin esperar nada a cambio. En otras palabras, ¡no tiene que quererlo! Es algo confuso, ¿no es cierto? Si sigue dando amor y respeto pronto se dará cuenta de que usted es el primero en recibir ese amor y respeto que entrega, simplemente porque primero lo siente usted mientras está saliendo. Cuando sabe y acepta la verdad de que lo que uno da es lo que recibe, y cuando experimenta lo que necesita en el mismo acto de la entrega, esto lo libera de la sensación de necesitar y querer algo. En definitiva, puede llegar más allá de la dualidad que existe entre dar y recibir y darse cuenta de que "ser" es a la vez, dar y recibir. Cuando sentimos amor propio, cuando nuestro ser está lleno de respeto por uno mismo, entonces, estamos dando y, al mismo tiempo, recibiendo.

Esto también abre las compuertas que nos comunican con lo que podría ser la mayor de las paradojas, es decir, que usted ya es y siempre ha sido perfectamente hermoso, feliz y dichoso, sólo que no se ha dado cuenta de ello; a veces, a esto se lo llama "siempre ya". Ha sido un largo viaje, durante el cual usted ha recogido muchos recuerdos, impresiones, falsas creencias y malas percepciones. Son como las capas de una cebolla que cubren el núcleo puro, poderoso y tranquilo de su propio ser, su perfecto yo, del modo como fue creado, lo que hace que todo desarrollo propio, tal como lo conocemos, sea un tanto fútil. De hecho, no tiene que desarrollar su yo para ser usted realmente, sólo tiene que tomar conciencia de todo cuanto es falso y luego, abandonarlo. Vea "lo falso" dentro de su conciencia, como falsas creencias, falsa comprensión y falsas identidades, y una vez que lo ha visto, la falsedad empieza a desvanecerse. ¿Y la paradoja final? No la verá si lo busca. Las dos maneras más eficaces son la meditación y pasar cierto tiempo con la gente que ya lo ha hecho. Elija su compañía con cuidado, pues las personas que lo acompañan colorean su conciencia y fortalecen muchas de esas capas que le impiden ver y ser usted mismo.

Dentro del contexto de nuestras relaciones, hemos considerado el tema del control (página 7) y vimos que no controlamos a los demás, pero sí nos influimos mutuamente. En cuanto trata de controlar a los demás, ¿qué es lo que hacen?, levantan una barrera, un muro que usted no puede traspasar, por lo tanto, no salen a escena. Como resultado, su capacidad para influir en ellos disminuye. Cuanto más trate de controlar a los otros, aun cuando fuera tan sólo en su mente, menos influencia ejercerá, mientras que, cuanto menos trate de controlar, más influencia tendrá. Inténtelo. Este es uno de los secretos clave para el éxito en toda relación; pero recuerde, en el momento en que quiere influir, de hecho, lo que está haciendo es tratando de controlar; y eso es el esclarecimiento.

LA FELICIDAD ES...

Entonces, ¿qué es lo que en verdad quiere en la vida o de la vida? No diga que no lo sabe... ¿no lo sabe? Tome conciencia de la razón de sus actos, ¿cuál es su motivo más profundo? Es para sentir felicidad; todo lo que hace está impulsado por el deseo de ser feliz. Lo que ha olvidado es que usted ya es feliz, no tiene que salir a buscar felicidad, ni trabajar o luchar para conseguirla, ni intentar comprarla o alcanzar sus metas para vivirla, pues eso sólo la demora. La felicidad ya está allí, en su interior. Todo lo que debe hacer es decidirse a ser feliz y entonces, hacer de esa decisión un hábito. La felicidad no es dependencia, es una decisión.

¡Vamos, sea feliz! Mejor todavía... comparta su felicidad con los demás. Empiece por su corazón, lleve una sonrisa permanente en su corazón y luego, cerciórese de que su corazón está conectado con su rostro. Así, logrará ser feliz de manera más rápida, profunda y duradera. Si el término felicidad no es el correcto, reemplácelo por alegría. La alegría es la felicidad del espíritu.

Revelación 7

Sus relaciones

Cada uno de nosotros es una
fuente de amor, verdad, paz y
alegría en el mundo. Esto es lo
que nos hace naturalmente ricos

La vida es relación. Nuestras vidas son una serie de relaciones, ya sea con personas, con la naturaleza, con diversos objetos o con Dios. Una relación es un dar y recibir energía, y cuando esta energía de intercambio conlleva benevolencia, buenos deseos o, simplemente, es positiva en cuanto a su calidad, entonces, nuestras relaciones están en armonía. Pero no es eso lo que nos enseñan; no nos enseñan a dar y recibir, sino a tomar y guardar, tomar lo que uno puede y guardar lo que podemos obtener. Debido a estos dos hábitos, matamos la armonía de nuestras relaciones, a nivel individual y colectivo.

Todo el mundo lo hace, de modo que eso parece ser lo correcto, hasta que un día despertamos a la verdad de que todo está para que uno lo entregue y que no es posible poseer nada. En ese momento se produce el retorno de la armonía en nuestro interior, aunque tal vez no dentro de los demás, dado que ellos continúan con su ilusión de que estamos aquí para acumular y poseer, tomar y guardar.

Las almas iluminadas conocen la antigua ley que dice que todo lo que va, viene; lo que se siembra, se cosecha. Es el principio del resultado kármico. El alma esclarecida sabe que la verdadera riqueza no se deposita en una cuenta bancaria, sino que ya está en nuestra cuenta consciente o en el banco espiritual que llevamos dentro. La mayoría no se percata de que, incluso, tenemos una cuenta de ahorros interior, es decir, una fuente de riqueza a ese nivel. Y, si bien mucha gente demuestra —por medio de sus intenciones y de sus acciones— que cree que el dinero es la forma de riqueza suprema y más importante, el alma iluminada sabe que la suprema y más preciada fuente de energía es espiritual.

Esta energía adopta muchas formas y nuestras relaciones son, precisamente, una oportunidad para moldear y entregar nuestro recurso más valioso a los demás. El amor, la verdad, la paz y la felicidad son los colores primarios del alma, las formas primarias de la energía espiritual interior que todos somos. Y una vez que descubrimos esto, las relaciones se ven en su verdadera luz, como oportunidades para moldear y compartir creativamente aquellas energías de la manera más adecuada. La aceptación, la preocupación, el aprecio y el perdón son todas formas de amor. La sabiduría y la revelación son formas de la verdad. La alegría, la satisfacción y la realización, formas de felicidad. Ninguna de estas etapas están para guardarse, se sostienen sólo cuando son generadas, irradiadas y emitidas hacia el mundo. ¿Por qué otro motivo estamos aquí?

El alma verdaderamente iluminada tiene una conciencia aun más profunda. Hay dos dinámicas fascinantes que intervienen cuando se abre la cuenta bancaria del espíritu y la verdadera entrega se pone en marcha. Primero, el que entrega es el que primero experimenta la energía cuando esta está saliendo (dar amor es experimentar amor) y segundo, no sólo vuelve la energía (como debe ser, porque esa es la ley), sino que llega a distintos niveles. La riqueza espiritual que se comparte un día, se convierte en la riqueza monetaria que se recibe al día siguiente, pero nunca cuando buscamos obtener ganancias.

Entonces, esto es una relación. Cuando todos los otros juegos queden descartados, las relaciones serán una oportunidad para ser creativos, dado que todos somos artistas de la vida, de nuestra propia vida. Todos tenemos la oportunidad de invitar y ser invitados para crear nuestras vidas de manera conjunta, utilizando la más elevada, más profunda y mayor de las riquezas, esa que está oculta dentro del ser. No esconda sus tesoros. No permita que los cínicos le saquen sus tesoros, no deje que los "adictos al no" desmoralicen su espíritu. Viva bien, ría a menudo y ame mucho. No espere absolutamente nada a cambio y luego, observe cómo el universo se apresura a tenderle un campo a sus pies. Si uno es abundante, atrae la abundancia.

NIVELES DE COMODIDAD

¿Por qué será que con ciertas personas nos sentimos cómodos y con otras, sumamente incómodos? Solemos pensar que su personalidad o, quizás, sus hábitos o su actitud no nos permiten estar relajados, pero eso no es así. Es algo dentro de nosotros que nos provoca un malestar, y ellos sólo funcionan como disparador. Tal vez, nos recuerdan una relación tensionante del pasado, quizás estamos pensando o actuando a un ritmo completamente diferente. Lo más probable es que reflejen algo dentro de nosotros que preferimos no ver ni reconocer. Una cosa sí es segura: nuestros maestros son aquellos cuya compañía nos provoca el mayor malestar; pero no se los diga.

Tercera Sección

Acción y transformación

Los siete ¡AJÁS! de las almas
sumamente iluminadas

¿Está preparado para hacer algunos cambios positivos?

Si reconoció los mitos y puede ver su presencia dentro de su mente, también va a advertir que son los gestores de gran parte de su molestia mental y emocional. Entonces, todo lo que tiene que hacer es preguntarse si ya está preparado para realizar algunos cambios interiores que sólo usted puede llevar a cabo en cuanto a usted mismo y, por lo tanto, en cuanto a su vida.

Si reconoció las verdades o simplemente descubrió cierta sabiduría en las revelaciones, para su yo esencial o para el funcionamiento de la vida, entonces, está preparado para iniciar su propio viaje de descubrimiento, una aventura hacia la autoconciencia y la autorrealización, pero no en algún lugar paradisíaco de vacaciones, sino dentro de su propio ser.

Si logra ver el valor y vislumbrar los beneficios que le depara hacer un pequeño trabajo dentro de su yo, estar más autoconsciente, recuperar su poder personal, aprender cómo no ser una víctima, entonces, otro será el resultado que obtenga en este mundo, primero con la experiencia de su propia vida y luego, con la experiencia de los demás. No hay nada más cierto que, cuando cambiamos un pequeño hábito, alguien en nuestra vida lo notará, y en ese momento, también habrá cambiado.

Si está preparado para hacer algún "trabajo interior", recuperar su poder espiritual y comenzar a irradiar en el mundo las energías sutiles del amor y la paz que ya se encuentran en el centro de su corazón, entonces, usted cambiará al mundo. Es probable que no sepa con exactitud qué es lo que ha modificado, pero sabrá que, de alguna manera, ha sido un instrumento.

Por lo tanto, seamos prácticos, ¿qué podemos hacer para

empezar? Aquí el término "hacer" no es totalmente exacto, porque los orígenes de todo lo que hacemos pueden hallarse en el interior de nuestra conciencia, dentro de nuestra mente e intelecto. A esto se lo conoce como el modo de "ser". Somos seres humanos, no hacedores humanos, y todo cuanto hacemos surge de nuestro modo de ser. Por lo tanto, ser es la primera acción. De ahí que esta estrategia del cambio personal se dirige, en verdad, hacia el hecho de volver a despertar nuestra capacidad de elegir y crear nuestro modo de ser. Este es un proceso casi enteramente interno, invisible e incógnito. Una estrategia secreta porque nadie sabrá qué es lo que hace internamente, a menos que usted lo diga. Pero ¡no lo cuente! porque si lo hace, es probable que algunos se rían, se burlen y echen un balde de agua fría a sus intenciones de armonizarse y ser usted mismo.

Si va a cambiar su forma de ser actual, si va a decidirse a hacer la elección y va a crear su modo de ser, es probable que esto represente una amenaza para ellos, entonces, tratarán de mantenerlo inmutable, a menos que ellos también empiecen a iluminarse, en cuyo caso serán sus mejores amigos en esa ocasión, es decir, personas con las que usted puede comparar señales, debatir y explorar las cuestiones más profundas de la transformación personal y compartir las experiencias de su viaje interior.

El sendero hacia el esclarecimiento está lleno de realizaciones y de muchos momentos ¡AJÁ! Tal vez, usted ya haya tenido algunos. Sin embargo, sólo un alma sumamente iluminada puede trasladar el momento ¡AJÁ! a la acción, de modo tal que puede cambiar el estilo de vida y la vida misma.

He aquí los siete ¡AJÁS! que luego se convierten en importantes prácticas conscientes del alma sumamente iluminada. Si usted "ve" y actúa de manera consistente en tan sólo uno de ellos, comprobará cómo cambia su vida. De hecho, usted cambiará su vida.

El primer ¡AJÁ!

1 Guarde silencio

El mayor poder es el del silencio; el ser esencial es silencioso

¿Se ha preguntado alguna vez, por qué las bibliotecas tienen una atmósfera especial? Son lugares que congregan a muchas personas, sin embargo, el código es el silencio. La falta de ruidos en una atmósfera significa que estamos en presencia de mentes calladas. Las mentes calladas no sólo están relajadas, sino que pueden concentrarse con más facilidad y trabajar más libremente en el proceso creativo. Imagine que se encuentra en la biblioteca de su mente, repasando la sabiduría acumulada en los estantes de su vida; escuche el silencio, tome conciencia de la quietud, pídale a cualquiera de las voces interiores que pueda llegar a interrumpir su concentración que por favor se calle. Una mente callada le permite escuchar a su corazón. Ahora, usted puede permitir que su creatividad florezca. Ahora, usted puede permitir que sus pensamientos, ideas, imágenes y conocimientos surjan desde las sombras de su subconsciente, a la radiante pantalla de su mente. Ahora puede elegir qué es lo que quiere crear; ¡mire, es un artista! Todos somos artistas, y el lienzo interior es la pantalla de su mente.

Lamentablemente, la pantalla de nuestra vida tiende a estar ocupada en su totalidad por "reestrenos" del pasado o proyecciones de posibles futuros. Mientras tanto, su corazón aguarda pacientemente para hablarle sobre cosas sabias y hermosas, pero no puede comunicarse. ¿Cuál es la razón? El ruido.

Pasamos la mayor parte de nuestra vida creando o consumiendo un ruido llamado pensamiento. A veces, tratamos de hacer ambas cosas al mismo tiempo. El mundo allá afuera está cada vez más ruidoso, y nosotros estamos muy ocupados convirtiendo ese ruido en pensamientos. Esos pensamientos se mezclan con los recuerdos y las experiencias. Esto dificulta incluso iniciar nuestro viaje hacia la paz interior, la calma y la satisfacción. Pero no malinterprete: el propósito no es cerrarse al mundo, no es un intento por evitar los sonidos de la edad moderna o detener el pensamiento (al menos en esta etapa). El objetivo es, simplemente, aumentar el volumen de nuestra propia quietud interior para darnos la oportunidad de conectarnos con el manantial del poder interior y oír qué tiene que decir nuestro corazón (a veces llamado intuición). Este no es un proceso instantáneo y se necesita algo de práctica. He aquí cómo puede hacerlo.

Empiece por hablar menos a lo largo del día. ¿Tiene que decir todo lo que dice? ¡No! Entonces, elimine lo que no es necesario. Luego, al cabo de algunos días, concéntrese en decir lo que tiene que decir, de manera más suave y más lenta. Cuando haga esto, empezará a redescubrir un ritmo interior, que se parece más a su ritmo natural. Usted lo sabrá. Comenzará a sentirse más cómodo y confortable con usted mismo y con los demás. Cuando haga estas tres cosas: hablar menos, hablar con suavidad y hablar lentamente, su mente hará lo mismo en su conversación con usted mismo. Advertirá que está mucho más tranquilo y que tiene mucha más energía a su disposición. También, empezará a ver que la cantidad y la calidad de sus ideas aumenta y que su capacidad de discernimiento y decisión se torna más aguda y más fácil. De ese modo, habrá hecho un excelente comienzo hacia el esclarecimiento en acción.

Si explora las experiencias de los místicos a lo largo del tiempo, casi todos ellos apuntaban hacia el silencio, como un viaje y también como un destino interior del alma iluminada. Un ser inmutable, quieto y silencioso nos aguarda en el corazón de nuestra propia conciencia. Es allí donde hallamos a nuestro verdadero yo, libre de toda contaminación mental; es allí donde hallamos la verdadera paz y el verdadero poder. Y cuando hayamos descubierto nuestra paz interior y nuestro poder interior, no podremos evitar transmitirlos a nuestras relaciones y al mundo. Por eso, el silencio es el lenguaje del alma; por eso, el verdadero amor, que también es silencio, es el lenguaje del corazón.

BÁLSAMO DE TRANQUILIDAD

Observe qué sucede cuando ingresa en una biblioteca o en una sala de meditación. Cómo se siente conmovido por la atmósfera, cómo se siente influido por la paz penetrante, y en pocos minutos descubra que empieza a estar más tranquilo mental e intelectualmente. Luego, reflexione sobre cómo esa atmósfera puede crear un bálsamo de calma para los demás. Ahora piense en su oficina, su living y su comunidad; experimente. Tenga tranquilidad en su casa o en su oficina y observe cómo esto influye en los demás, creando en ellos el deseo de sumarse a usted. Esto es lo que hace que, crear la paz dentro de nosotros sea una de las mayores cosas que podemos hacer por los demás. Así como los objetos están rodeados por espacio, también nosotros estamos rodeados por silencio. Entre las notas de una sinfonía está el silencio, detrás de una pintura está el silencioso lienzo vacío, y entre nuestros pensamientos o detrás de ellos, está el silencio. Permanezca callado y tranquilo, y su vibración creará una atmósfera de calmo silencio. Otros lo van a sentir, y ese silencio, a su vez, los ayudará a ser silenciosos.

El segundo ¡AJÁ!

Suéltese

Todo sufrimiento y tristeza tienen la misma causa: el apego. No se aferre a nada

Así como el pájaro debe encontrar el coraje para soltarse de la rama y echarse a volar, así nosotros debemos soltarnos de nuestras ramas, si queremos conocer el júbilo de remontarnos hasta nuestro máximo potencial. Las ramas a las que nos aferramos son nuestros apegos desde nuestro interior, es decir, nuestras creencias, ideas y recuerdos. Y también están los apegos exteriores: la gente, las posesiones, los privilegios y la posición son algunos de ellos. Pero, mientras nos sigamos aferrando a cualquiera de ellos en nuestra mente, viviremos en el miedo (de soltarnos y, por lo tanto, de perder o perjudicarnos) y nunca seremos libres. Simplemente, observe a esos pájaros:

al soltarse de una rama pueden pasar el resto de su vida posándose en un millón de ramas diferentes para disfrutar del paisaje desde cada una de ellas. Usted, ¿está volando y elevándose en su vida o quedó pegado a una rama, insultando a los demás que pasan volando a su lado? Vamos, inténtelo, ¡suéltese!

Pero ¿cómo?, se pregunta usted. "¡Me enseñaron a aferrarme a las cosas, toda mi vida, y ahora usted me dice que debo soltarme!" No digo físicamente, sino mentalmente. Fíjese cómo todo llega y pasa; todo llega y, finalmente, todo se va. No digo que tiene que empezar a entregar cuanto tiene, pues lo que posee hoy, lo que está en su vida actualmente, ha llegado a usted para que lo "utilice", para que le dé un uso determinado, pero no para aferrarse a ello. Si trata de aferrarse, de poseer, aunque sea con su mente, va a generar miedo, y recuerde, el miedo es tensión, el miedo es dolor. Sin embargo, nos han enseñado erróneamente que el miedo es una emoción buena, saludable y necesaria para sobrevivir, por lo tanto, es poco lo que hacemos para comprenderlo y, mucho menos, para liberarnos de él. El miedo termina por matar a su creador, ¡y ese es usted! Por eso todas las enfermedades tienen un factor psicosomático... ¡el miedo! Todo temor tiene su raíz en el apego, al aferrarnos mentalmente a algo o alguien.

Todo lo que debe hacer es recordar dos cosas: una, no es posible que el alma —o sea, usted otra vez— tenga posesiones; y dos, si no se suelta, nada nuevo aparecerá. Si el agua no deja el vaso, no queda lugar para agua fresca. Entonces, ¿cómo va a empezar? Escriba todos sus apegos, tanto internos (creencias, ideas y recuerdos) como externos (objetos, personas, lugares). Tome uno a la vez y pregúntese cómo sería la vida sin ellos, ensaye la vida sin ellos, acostúmbrese a tener una vida sin ellos. Ellos aún estarán allí, sin embargo usted ya no estará afianzado en ellos tan fuertemente y el miedo desaparecerá. Ahora, está aprendiendo el arte más valioso de todas las escuelas del esclarecimiento: el desapego.

Tres cosas para recordar:

1. No espere lograr un éxito instantáneo. No se abata cuando se dé cuenta de lo sujeto que se encuentra a las cosas; mantenga la calma. Sanar los hábitos de toda una vida lleva tiempo. El hábito más común que se forma en nuestra vida es el de aferrarse y, por lo tanto, depender de algo o alguien para alcanzar nuestra felicidad, paz y satisfacción. Esto es lo que nos hace sufrir tantas veces al día. Entonces, equivocadamente decimos: "¡Ah, bueno, así es la vida, es natural ser desdichado a veces!" ¡No, no lo es! Esa es una creencia errónea. La verdad es que usted ni posee ni es dueño de nada, y no necesita nada para ser feliz de verdad. Exactamente por eso, a menudo usted se da cuenta de que los que menos tienen, sienten una satisfacción más profunda y consistente que los que tienen más.

2. Nunca pierda de vista el objetivo de aprender el desapego, que es liberarse del miedo en todas sus formas.

3. Preste atención a una de esas paradojas: cuanto más se suelta o libera, más personas, oportunidades e ideas llegarán a usted.

Por favor, no salga a regalar todo lo que tiene para poner a prueba este ¡AJÁ! en particular (bueno, tal vez un poco, quizás). En el momento en que toma conciencia del callejón sin salida y del sufrimiento que traen consigo el apego, la dependencia, la propiedad y la posesión, empezará a ver muchas oportunidades en su vida, que permitirán que el desapego pueda llegar a ser una realidad. Soltarse no cambia su posición, no altera sus ingresos ni disminuye los objetos en su vida. Todo eso está allí y todo es importante, pero es su nueva relación con ellos lo que lo liberará.

¡SOY SÓLO UN ADMINISTRADOR!

Entonces, ¿cómo sobrelleva la ilusión de la propiedad, que se encuentra detrás del impulso de tener y del hábito de aferrarse a la gente y a las cosas? Es realmente simple. Todo lo que tiene que hacer es cambiar su relación con aquello a lo que está apegado y pasar de ser propietario o poseedor a ser administrador. Eso primero sucede en su cerebro y recién entonces, en sus manos. Y luego, cuando aquello que usted administra (que es todo en su vida en este momento) queda relevado de su compañía, ya no habrá ni dolor ni tristeza, sólo una fácil liberación acompañada por aceptación natural y calma serenidad. No sea propietario, sea administrador y suéltese cuando llegue el momento, entonces, la verdadera libertad será su compañera.

El tercer ¡AJÁ!

Déjelo ser

La interferencia es fútil; sólo da como resultado la ausencia

La mayoría de la gente está tan ocupada interfiriendo en la vida de los otros, ya sea dentro de su mente o en una conversación, que se olvida de interferir en su propia vida y crearla, de manera consciente, aquí y ahora. Por eso muchos de nosotros pasamos gran parte de nuestra vida tratando de vivir la vida de los demás. Somos grandes arregladores y, mientras observamos a los demás, podemos oírnos intentando ordenarlos en nuestros propios cerebros: "No deberían...; ¿no estuvieron terribles?...; ¿oíste lo que dijeron de....?; en mi opinión, deberían...; simplemente, no entiendo cómo pudieron..." En esos momentos desperdiciamos el tiempo tratando de escribir el libreto de los demás, y olvidamos escribir el propio. No tenemos derecho a escribir la letra de los otros, y todo intento de hacerlo es fútil, frustrante y está condenado al fracaso. Por lo tanto, déjelo ser, aprenda a valorar cómo es liberarse de las tensiones y ansiedades de otras personas; que ellos se escriban su propio libreto. No desperdicie su vida tratando de vivir la de los demás, ni siquiera por algunos minutos.

¿Por qué caemos en esta trampa? A la mayoría nos enseñan dos creencias fatales, cuando somos jóvenes. Una es que podemos controlar a los demás, y la otra es que ellos son responsables por cómo nos sentimos nosotros. Pero ahora usted está iluminado, ahora sabe que es fútil tratar de controlar a los otros y que usted es el creador de sus propios sentimientos, independientemente de lo que ocurra a su alrededor. (Al menos en teoría, tal vez necesite cierta práctica convertirlo en realidad). Entonces, no interfiera con los viajes de los demás, a menos que lo inviten; no se involucre en los dramas ajenos, salvo que se lo pidan. Y si lo invitan, tenga cuidado con no

identificarse con sus vidas y con los desafíos que ellos deben enfrentar. Dé un paso atrás, permanezca un poco alejado, y su aporte, cuando lo inviten, tendrá un valor mucho mayor.

Incluso si tiene hijos, no tiene derecho a controlar sus vidas; ese no es el propósito de la paternidad. Usted les está ofreciendo una oportunidad a esas almas que son sus hijos, para aprender y crecer bajo sus alas amorosas. Usted es responsable de sus necesidades físicas, tiene que ayudarlos a que le encuentren un sentido al mundo y luego hallen su propio camino en él, y que sean ellos mismos; no que sean lo que usted quiere. Esta es su oportunidad para actuar como mentor, entrenador, amigo, compañero, padre y maestro. Al hacerlo, el hijo se convierte en maestro, el padre pasa a ser el alumno, la vida es la escuela, el hogar un aula y los exámenes llegan copiosos y rápido.

Por lo tanto, la próxima vez que se encuentre en medio de una conversación que empieza a generar opiniones sobre los demás, tome conciencia y permanezca callado. Apártese tranquilamente del tema y aprenda el arte de cambiar de enfoque. Al principio, encontrará que este arte es algo bastante desafiante, en especial en compañía de gente que conoce bien. ¿Cambiar de enfoque hacia qué cosa? Trate de tomarlo internamente y no como algo externo, no con el ánimo de volcar sus sentimientos o imponer sus pensamientos, sino para compartir lo que está aprendiendo de la vida, cómo está disfrutando del desafío de crecer. Usted está aprendiendo, cambiando y creciendo, ¿no es cierto? A medida que lo hace, empezará a reconocer los momentos en los que es más apropiado preguntar en lugar de contar, averiguar en vez de imponer, escuchar en lugar de hablar, reflexionar en vez de reafirmar y, al hacerlo, conducirá a sus compañeros de conversación hacia sus propios territorios, de modo que ellos también podrán aprender, cambiar y crecer. ¡Vea qué sutil puede ser el liderazgo!

COMPASIÓN Y VENGANZA

A medida que aprende a dejar ser, rápidamente se da cuenta del poder que hay en el arte de la aceptación. Todos y todo es como deberían ser ahora mismo y en cualquier momento. Sin embargo, cuando ve que alguien está haciendo algo moralmente incorrecto, como matar a otra persona, ¿usted se queda sentado, lo acepta y deja que fluya? ¿Es un buen momento para dejar ser? Si el suceso ocurre en su living, es obvio que no lo hará. Pero tenga cuidado, porque las dos opciones principales de respuesta son el sendero de la venganza o el de la compasión. Cuando queremos venganza, lo que estamos diciendo es que nos identificamos con el dolor del otro, y entonces usted mismo queda con dolor, mientras que si elige la compasión, lo que usted dice es que comprende que el autor sufre y necesita ayuda. La senda de la compasión es siempre la más iluminada, pero sólo cuando tiene como resultado la acción apropiada. El camino de la venganza sólo sostiene el dolor para todos, y el sufrimiento de dos personas nunca produce placer; la pena también es muy grande para el que eligió la venganza. Cuando transita el sendero de la compasión, usted demuestra amor en acción y hay una mayor posibilidad de sanarse.

El cuarto ¡AJÁ!

Escuche

Su tutor interior siempre está disponible para usted

Como seres humanos tenemos una cosa en común, ¡todos somos únicos! Cada uno de nosotros es un ser de conciencia dentro de una forma humana, y todo lo demás —incluidas la raza, la nacionalidad, la profesión, las creencias o la religión— es algo creado, aprendido y mal utilizado para generar nuestro sentido de identidad. En el fondo de nuestro conocimiento, en el corazón de nuestro ser, está nuestra conciencia. La conciencia, el yo y el corazón son sinónimos. Su conciencia es su receptáculo de verdad y sabiduría, que yace en el núcleo de su corazón, pero no su corazón físico, sino el corazón de su conciencia. De manera innata sabemos quiénes somos en verdad y sabemos lo que está realmente bien. Sin embargo, con el correr del tiempo, todo nuestro aprendizaje, nuestra experiencia y nuestra creación —que enfocamos externamente y que, a veces, se llama condicionamiento— nos deja desconectados de la voz de la verdad que llevamos dentro. A veces, esta voz le habla y usted puede llegar a decir: "¡Oh! mi conciencia me está molestando" o "no sé por qué, pero algo me dice que esto no está bien".

Como la mayoría de la gente, tal vez usted tiende a ignorar esta voz, a veces deliberadamente y, entonces, la ahoga, en especial si sabe que lo alejará de lo que supuestamente le da placer, alimenta la dependencia o sostiene el apego. Cada vez que usted la ignora, la suprime o la ahoga, sólo se lastima a usted mismo, y finalmente el dolor sale a la superficie como una emoción explosiva, como sentimientos negativos o como un compartimiento disfuncional. Hay mucha miseria para colocar a la puerta de la ignorancia; esa ignorancia que no reconoce la voz de su propia verdad innata, que es el núcleo de su conciencia.

Entonces, es el momento de sanar y oír a su acallada y pequeña voz interior. Es hora de aprender cómo amar y respetar eso que, a veces, se llama "el niño interior", es decir, el aspecto amoroso puro, inocente e incondicionalmente amoroso dentro de su ser, que ha sido desatendido e ignorado durante demasiado tiempo. Sin embargo, tendrá que crear una tranquilidad interior un tanto profunda para que el proceso de escuchar y sanar empiece.

Sólo cuando cree esta quietud en su propia mente usted podrá empezar a oír a su propio maestro interior, para que pueda recibir un poco de intuición. Sólo cuando esté listo para reconocer y valorar la sabiduría que lleva en el centro de su ser, estará usted "callado", volcará su atención hacia su interior y "escuchará". Pero ha pasado mucho tiempo desde que usted escuchó verdaderamente y confió en usted en profundidad, de modo que necesitará un poco de práctica y paciencia. Siéntese, cállese y escuche en algún momento del día, verá que se sorprenderá ante lo que oirá. Entonces, haga lo mismo mañana. Todo lo que debe hacer es recordar que usted es el que escucha, no el que produce el ruido; usted es el pensador, no los pensamientos; usted es el creador, el que le da vida a sus pensamientos, no sus pensamientos. Usted está en silencio, y sus pensamientos y sentimientos son el ruido. En el momento en que se separa de sus pensamientos y sentimientos, instantáneamente se reconecta con su paz y empieza a oír la voz de su sabiduría innata.

Ahora, consulte a la voz de su sabiduría, formule una pregunta importante o una decisión difícil. No exija ninguna respuesta, nunca luche ni se esfuerce por obtener algún tipo de respuesta. Haga la pregunta, viva en la pregunta durante algunos minutos y luego siga su camino, continúe con otra tarea. En el momento adecuado, la respuesta se producirá y el conocimiento aparecerá en su mente. Y pensará, incluso dirá: "¡AJÁ!" Aun así, la tarea no está completa. Ahora, extienda ese momento al gesto interior de aprecio y gratitud para esta claridad. De esta manera, derribará las barreras entre usted y la verdad, entre usted y la sabiduría, entre usted y su yo. Entonces, el esclarecimiento siempre estará apenas un segundo atrás.

Y si cuando recibe la respuesta, todavía persiste alguna duda, consulte a alguna fuente que usted reconoce como experimentada y sabia. Verifique si su voz ha sido distorsionada por el miedo o el odio. De ser así, entonces le va a ser necesario escuchar con más paciencia a lo largo del reconocimiento y la sanación de sus temores y odios.

MOMENTOS DE OASIS

Dado que la mayoría de nosotros vive cada día en un movimiento perpetuo, rara vez nos dejamos tiempo para nosotros. Tener tiempo para nosotros no significa leer el diario o pasar un rato en el bar, sino sentarse en silencio, quedarse callado y estar con nuestro yo. Sea implacable con su agenda, dedíquese tres o cuatro "momentos oasis" por día. Entonces, regálese los dones de la meditación y la reflexión, que son el camino comprobado para recobrar la paz interior y el poder interior. No lo piense, ¡sólo hágalo!

El quinto ¡AJÁ!

Acepte todo

No se resista ante nada, porque eso sólo fortalece aquello a lo que se resiste y prolonga la lucha

¿Ha notado alguna vez cómo la resistencia conduce a la persistencia? Todo aquello que es resistido o rechazado, simplemente persiste y vuelve en igual medida. Parece una de esas leyes de hierro dentro de nuestro universo energético. Ya sea que se trate de uno contra uno, de comunidad contra comunidad, o nación contra nación, cuando uno empuja contra el otro o resiste la posición del otro, hay algo llamado conflicto continuo. Todos hallamos siempre una ocasión para rechazar o resistir a otra persona, a todos nos gusta entablar una pelea desde nuestro sillón contra cualquier cosa que nos disgusta, cuando las noticias de la tarde nos muestran qué sucede en el mundo. Olvidamos que, cuando nos decidimos a resistirnos a algo o alguien —ya sea mental o físicamente— sólo conferimos más poder al objeto de nuestra resistencia, tanto en la realidad como en nuestra propia mente. La resistencia mental y, por lo tanto, emocional, entonces se convierte en un hábito.

Todo sucede porque tenemos la creencia subconsciente de que el mundo debe cantar nuestra canción. Cuando no lo hace, nuestro enojo se convierte en más resistencia; y al crear resistencia hacia alguien o algo, automáticamente creamos nuestros propio temor. De hecho, siempre es sólo miedo lo que yace detrás de nuestros comportamientos de resistencia. Todo proviene de esa creencia de que estamos en condiciones y deberíamos controlar lo que no podemos, de que el mundo debería bailar al compás de nuestra propia música.

Por otra parte, si desea disfrutar de la capacidad de influir en las personas y las situaciones, siempre empiece por la aceptación. Si quiere desarmar a alguien, empiece por la aceptación; si quiere alentar y conferirle poder a alguien para que cambie, empiece por la aceptación; si quiere resolver el conflicto en una relación dada, empiece por la aceptación; si quiere ser un líder, siempre empiece por la aceptación. Pero que no sea condicional. De lo contrario, sólo será resistencia disfrazada de aceptación; demostrará que usted todavía trata de controlar a los demás y que aún tiene miedo. La aceptación lo conecta con la energía de la persona o el flujo de la situación, y cuando usted se conecta y fluye, tendrá la máxima influencia. Pero si ofrece resistencia, se desconecta, se encuentra tratando de controlar y las barreras se levantan inmediatamente.

Y lo mismo ocurre en su interior. Usted ya es tranquilo, paciente y sabio en su corazón. La lucha por derrotar los hábitos del miedo y el enojo sólo sostiene y fortalece la barrera entre usted y su paz, entre usted y su sabiduría, entre usted y su poder para ser paciente. Si existe alguna lucha en su esfuerzo por cambiar, entonces será como si estuviera resistiendo aquello que quiere cambiar en su interior. Estos también serán hábitos que ha creado en el pasado. Recuerde que usted no es su hábito, aunque tiende a identificarse con él; a veces, se dice que son "mi naturaleza". Entonces, en el momento en que lucha y, por lo tanto, se resiste a un hábito, es como si estuviera oponiendo resistencia a usted mismo. En efecto, está batallando contra usted mismo, luego, esto torna al hábito que trata de modificar más fuerte aún, drena el poder y debilita su capacidad para establecer nuevos patrones de pensamiento y comportamiento positivos.

Esta resistencia ante usted mismo, dentro de la lucha por modificarse, sólo lo conduce a la supresión y la construcción de energía emocional enterrada en su subconsciente. Es nada más que una cuestión de tiempo antes de que explote. El más profundo secreto de todo cambio interior y de toda sanación es nuestra propia aceptación, no una autorresistencia y, por cierto, tampoco un autorrechazo. A todos nos enseñan a rechazarnos de un modo u otro, generalmente en nuestra niñez, pero la mayor parte del tiempo no tomamos conciencia de ello. Ni bien una de esas grandes personas importantes mientras somos jóvenes nos rechaza, o se rechazan a sí mismas, enseñándonos cómo hacer eso con nosotros mismos, la voz del autorrechazo ocupa nuestro oído interior para el resto de la vida. También nos enseñan a rechazar a los demás, hecho que puede resultar fatal para nuestras relaciones. Por lo tanto, cualesquiera que sean los sentimientos que llegan o las emociones que surgen, aprenda a aceptarlos. Y para ello, se empieza por tomar conciencia de ellos, observándolos simplemente, reconociéndolos y luego, aceptándolos. El resultado será la integración. En realidad, cuando hace esto, en verdad se está aceptando a usted mismo, y así empezará a amarse a usted mismo; y ese es el comienzo de la sanación.

Recuerde que la aceptación es sólo el primer paso

para transformar nuestros hábitos no deseados de pensamiento y/o emoción. El segundo paso es el desapego de la voz interior de la autocrítica y el autorrechazo que genera nuestra resistencia y, por lo tanto, nuestro miedo. El tercer paso es la aplicación enfocada del conocimiento y la sabiduría para crear un nuevo patrón de pensamiento, sentimiento y comportamiento.

Cuando, en verdad, reconozca un estado emocional no deseado o negativo, tenga cuidado de no dejarse llevar por la emoción. Eso no es aceptación, es indulgencia y, una vez más, sólo reforzará el hábito de crear esa emoción. Acepte las emociones que siente, aléjese de ellas y, luego, simplemente obsérvelas, entonces descubrirá cómo empiezan a disolverse. La emoción muere a la luz de la observación alejada. ¡No olvide que el verdadero amor no es una emoción! El amor nunca muere, por eso no es necesario "hacer el amor". El amor ya está hecho, sólo aguarda su expresión.

MEDICACIÓN Y MEDITACIÓN

Así como tenemos la capacidad de conocer y expresar amor en tres niveles: físico, mental y espiritual, así también poseemos la capacidad de alimentar el dolor en esos mismos niveles. La pena mental y emocional requiere su atención porque sólo usted sabe lo que está sintiendo, exactamente por qué lo está sintiendo y qué es lo que debe cambiar. Es necesario comprender y sanar el dolor espiritual, por medio del estudio de la sabiduría y de la práctica de la meditación. La medicación para el cuerpo: ese es su vehículo, y la meditación para el alma: eso es usted. No olvide que la salud de su cuerpo empieza y se sostiene con la salud del alma o del yo. ¡Por eso no puede darse el lujo de tener un pensamiento negativo!

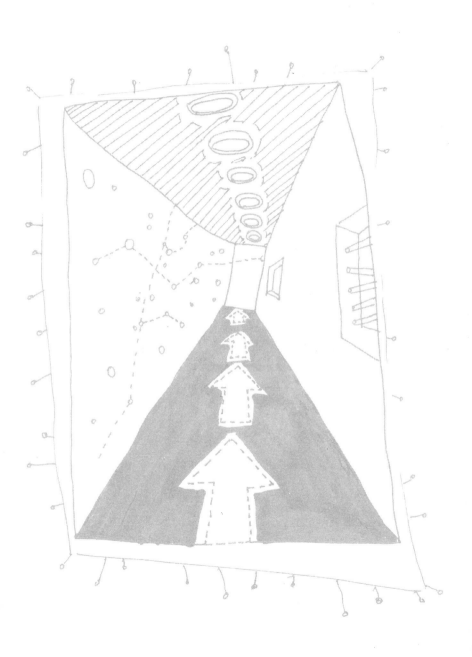

El sexto ¡AJÁ!

Conozca su yo

No podrá empezar a vivir "de verdad" hasta que no sepa quién y qué es usted

Entonces, ¿quién es usted? O, ¿qué es usted? ¿Usted es lo que hace, según lo define su título profesional? ¿Usted es el lugar de donde proviene, según lo define su nacionalidad? Si ha nacido en un establo, ¿eso lo convierte en un caballo? ¿Es usted lo que la gente lo llama, según lo define su nombre? ¿Usted es su creencia, según lo define su fe? Si ninguna de estas cosas es lo que usted es (y no lo es), ¿qué es usted?, ¿quién es usted? No queda nada. Entonces, ¿cómo lo llamamos? ¿Nada? Mejor es decir ninguna cosa. Pero, entonces, ¿qué? ¿Conciencia? ¿Conocimiento? ¿Alma? ¿Espíritu? ¿O, acaso estos son simplemente otros rótulos? ¿Puede usted ir más allá de los rótulos

y ser usted mismo? Yo, individuo, consciente, libre, yo consciente; eso es lo que es. ¡Intente decírselo al funcionario que controla los pasaportes!

El idioma común del mundo es el lenguaje de los rótulos. Y, aunque las etiquetas de las cajas o las que cuelgan de los vestidos, no son el artículo que describen, hemos aprendido a confundir a ambos; pensamos que somos lo que dice el rótulo. Luego, cuando la etiqueta se ve amenazada o es removida, nos sentimos muy mal. Nos cuesta mucho ver la ilusión y darnos cuenta de que la verdad es que no somos lo que dice la etiqueta. Algunos morirán por su rótulo, otros, llegarán a matar por él. No somos nuestra nacionalidad ni nuestro sexo, raza o religión, pero nos enseñan a pensar que sí lo somos, y eso no es para nada esclarecedor; también hace de la vida un viaje sumamente doloroso.

No nos sorprende que, a menudo, aquellos que nos rodean, nos conocen mejor que nosotros mismos. Nadie nos enseña el valor que tiene llegar a conocer nuestro yo. Como dijo una vez un famoso filósofo griego: "La vida que no se examina, no vale la pena vivirla", lo cual en verdad significa que, rara vez, conocemos al yo completamente. Conocerse a uno mismo es tener conciencia de nuestra verdadera identidad (espíritu), de nuestra verdadera naturaleza (paz) y del verdadero propósito (creación, dar y recibir). Cuando experimentamos esto y lo sabemos, entonces empezamos a comprender de dónde provienen emociones tales como el enojo y la depresión, el dolor y la molestia, la vacuidad y la codicia. Debemos saber cómo y por qué estos pensamientos florecen en nuestra personalidad, de lo contrario, el sufrimiento nos visitará con frecuencia, habrá una ausencia de significado y sentirá que su vida no tiene valor.

Formule la siguiente pregunta: "¿Quién y qué soy; por qué estoy aquí? Luego, regálese el don de la paciencia, escuche a su intuición otra vez y todo se tornará más claro. Si fuera necesario, elimine todo aquello que usted no es, es decir, todos esos rótulos mencionados anteriormente, y vea qué queda. Algunos piensan que al hacer esto, perdemos nuestra identidad, pero no es cierto. Ya la hemos perdido en los numerosos rótulos y compartimientos que aprendimos a usar erróneamente para describir nuestro yo. Cuando abandonamos todas esas falsas identidades, empezamos a recobrar la conciencia de nuestro verdadero ser. Esta conciencia es más una experiencia que una idea, por eso la meditación es la mejor manera de alcanzarla.

A menos que haga esto, a menos que conscientemente se lance a experimentar qué es usted en verdad, detrás de todos los rótulos y las falsas y pasajeras identidades (posición, nacionalidad, creencias, etc.), simplemente repetirá los patrones de vida más frecuentes en la existencia humana actual, donde casi todos los individuos nacen, viven y mueren sin llegar a conocerse a sí mismos.

Recuerde: el modo como usted se ve, influye completamente en el modo como ve al mundo, qué piensa del mundo y, por lo tanto, qué le da al mundo. Y lo que le entrega al mundo es lo que recibe de él; pero usted ya sabe todo eso, ¿no es cierto?

Por eso la identidad es el destino.

EN BUSCA DEL TESORO

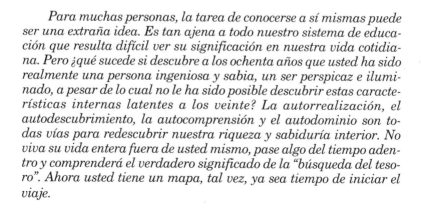

Para muchas personas, la tarea de conocerse a sí mismas puede ser una extraña idea. Es tan ajena a todo nuestro sistema de educación que resulta difícil ver su significación en nuestra vida cotidiana. Pero ¿qué sucede si descubre a los ochenta años que usted ha sido realmente una persona ingeniosa y sabia, un ser perspicaz e iluminado, a pesar de lo cual no le ha sido posible descubrir estas características internas latentes a los veinte? La autorrealización, el autodescubrimiento, la autocomprensión y el autodominio son todas vías para redescubrir nuestra riqueza y sabiduría interior. No viva su vida entera fuera de usted mismo, pase algo del tiempo adentro y comprenderá el verdadero significado de la "búsqueda del tesoro". Ahora usted tiene un mapa, tal vez, ya sea tiempo de iniciar el viaje.

El séptimo ¡AJÁ!

Todo pasa

Todo llega y pasa, está para usarse no para poseerse. Al pasar todo, se resalta el valor de aquello que se pasa y de quien lo pasa

Todo significa todas las cosas y ¡todas las cosas no son una sola cosa! No sólo el dinero en su bolsillo, sino también la sabiduría, los objetos, ideas, incluso oportunidades, todo llega a nosotros para que, en el momento justo, podamos pasarlas. A esto se le dice fluir.

La conciencia del fluir significa darse cuenta de que el río de la vida fluye hacia nosotros en cualquier momento.

Ir con el fluir significa aceptar todo lo que llega y darle un buen uso... antes de que pase.

Estar en el fluir significa permitir

que todo lo que llega pueda moverse libremente, sin sentirse influido y sin aferrarse de manera alguna.

Si usted no pasa todo lo que le llega, entonces, está tratando de bloquear el flujo de la vida y es ahí donde siente la presión. La presión es siempre autoinfligida y cada vez que siente que se encuentra bajo presión, mire qué necesita pasar a alguien más. ¿Qué necesita para liberarse, para soltarse, para permitirse continuar? Simplemente podría ser su modo de pensar. ¿Está pensando de manera negativa? De ser así, no se lo pase a nadie más, en cambio, arrójelo a su tacho de basura interior y luego queme los residuos. Al hacerlo, descubrirá una calidad de satisfacción y una especie de entrega que es una de las formas más hondas y profundas de relajación.

El río es la perfecta metáfora para la vida. Todos estamos en el "río de la vida", al tiempo que cada uno de nosotros es un río en sí mismo. ¿Qué hace el río en su viaje desde la montaña hasta el océano? ¿Cuál es su propósito supremo? Sí, se labra su propio camino, arrastra cosas consigo, le brinda refugio a ciertas criaturas, pero su más alto objetivo es alimentar y mantener a toda criatura viviente que toca en su tránsito hacia el océano. El campo, las flores, los árboles, los animales y, por supuesto, usted y yo, todos somos alimentados por el río. Lo mismo ocurre con nuestro propio propósito en la vida. ¿Por qué está aquí? ¿Qué vino a hacer? Para alimentar y ser alimentado en su viaje por la vida. El mayor alimento es la sabiduría, y la sabiduría suprema en acción es dar, sin esperar nada a cambio; pasarles todo lo que llega a nosotros a los demás y al mundo.

Por eso el trabajo no es trabajo. Cuando ingresa en su lugar de trabajo, no está allí para realizar una tarea, cobrar el dinero y salir corriendo. Usted está allí dentro de una comunidad de relaciones para alimentar y ser alimentado, fluir por y en las vidas de los demás, y cumplir con su propósito supremo, si así lo elige. Todas nuestras relaciones son esas oportunidades. Son oportunidades para servir, dar y pasar lo que sostenemos en las manos de nuestra mente y corazón. No tiene que ser miembro de alguna religión u orden espiritual para cumplir con un propósito tan auspicioso. Simplemente, esté disponible para los otros, dé más allí donde solía tomar, vea a todo y a todos en el río de la vida como su oportunidad para alimentar y nutrir. Recién entonces descubrirá el propósito de su vida, sólo entonces se liberará del monito que lleva sobre sus hombros, que le ha estado preguntando casi todos los días: "¿Cuál es el significado de todo esto?" Sólo entonces el entusiasmo y la energía empezarán a invadir su corazón, y sólo entonces, encontrará la mayor felicidad, el amor más verdadero y la paz más profunda. Mañana sea un científico y pruebe este experimento de "pasar todo" en el tubo de ensayos de su día, y compruebe la diferencia.

¡OFRENDAS, NO IMPOSICIONES!

Recuerde que no tiene que imponerse ni forzar o imponer sus dones sobre los demás, pues a menudo, ellos no están listos o no quieren aceptarlos, por lo tanto, haga que sus dones se tornen invisibles e intangibles. Tome una idea de este pequeño libro y entréguesela a alguien mañana, pero no se la imponga a nadie. Ofrézcala y entréguela sólo si la ofrenda de compartir es aceptada. De esta manera, le dará valor al tiempo que le dedica a la lectura y nunca olvidará la idea que compartió, y así habrá sido útil a alguien más, habrá tocado y alimentado el corazón de alguien más, con el suyo. En tales encuentros de corazones radica la razón de nuestra presencia aquí.

¿Por qué el esclarecimiento y la transformación no suceden... muy rápidamente?

¡Los drenajes todavía están abiertos!

¿Alguna vez se preguntó por qué el proceso del cambio interior es tan lento? ¿Alguna vez se preguntó por qué, a pesar de los maravillosos libros, seminarios y gurúes iluminados de la era moderna —todos ellos dispensadores de la sabiduría más profunda y la verdad universal de la manera más agradable— muy pocas personas de hecho experimentan un cambio interior profundo? He aquí el porqué. No importa cuánta sabiduría y conocimiento haya consumido ni cuántas herramientas o técnicas pueda dominar. No importa cuántos libros haya leído, a cuántos seminarios haya asistido y cuántos tratamientos haya pagado, no obtendrá ninguna diferencia, a menos que haga lo que la mayoría no quiere hacer; y eso es, "cerrar el grifo".

Entonces, ¿qué son los drenajes? A nivel de la emoción, que es donde más frecuentemente perdemos el control de la energía de nuestra conciencia, los drenajes son el miedo, el enojo y la depresión. A menos que comprendamos y nos liberemos del miedo, el enojo y la depresión, entonces, no se producirá en lo personal, ninguna transformación interior seria.

La sabiduría, la verdad y el discernimiento son todas formas de poder. Mientras lee, oye, ve, piensa y recuerda lo que es correcto y verdadero, mientras aprende nuevas habilidades interiores para manejar su vida con más eficacia, está aumentando el poder que tiene sobre usted. Cuando ocurre el momento ¡AJÁ!, usted siente un surgimiento de poder interior. Entonces, el sentimiento más común al final del libro / seminario / consulta es el sentimiento de estar elevado. Pero, a menos que "cierre los grifos", el poder simplemente se va a escurrir en cuestión de días, tal vez, horas.

Son pocos los que quieren trabajar sobre los drenajes, pocos los que quieren explorar y comprender su presencia, simplemente porque hemos llegado a creer que está bien sentirse perturbado, que incluso es bueno, útil y que tiene cierto valor. Pero no es así. Es una ilusión pensar que tienen un sitio en nuestro mundo interior. El miedo, el enojo y la depresión son los padres de cientos de otras emociones, incluida la irritación, la tensión, la agitación, el odio, la ansiedad, la inseguridad, la frustración, la melancolía, etc. No tienen nada para aportarle al amor, a la satisfacción, la compasión, la paz o la felicidad humana.

A nuestras creencias adquiridas no les gusta cuando llegamos a darnos cuenta de que el enojo, el miedo y la tristeza nos están inutilizando y minando nuestro poder, al tiempo que desagotan nuestra energía espiritual y mental. Nos han enseñado a creer que el enojo es fortaleza, cuando en realidad es debilidad. Tome conciencia de usted mismo inmediatamente después de un ataque de enojo; ¿está lleno de energía o la misma se escurrió por el desagüe? Nos han enseñado a creer que el miedo es necesario para vencer a la fecha límite o para terminar con el trabajo, cuando de hecho, nos paraliza. Tome conciencia de usted mismo cuando ya ha pasado la fecha de entrega, ¿se siente con energía o esta se fue por el drenaje? También nos han enseñado a creer que la tristeza es un ingrediente esencial en una buena historia, entonces, la esperamos y nos regodeamos en ella mientras miramos una película o escuchamos una canción. Y, ¿cómo nos sentimos después, llenos de energía o agotados? ¿Cómo puede la tristeza llegar a levantarnos, cuando es el deprimente primordial? En el mundo de las relaciones humanas , ¿cómo puede el enojo cambiar algo para mejor, cuando su proyección sobre los demás invita a la construcción de barreras y la creación de odio? ¿Cómo puede ser el miedo saludable cuando hace que nuestro corazón rompa su propio límite de velocidad, produzca demasiada adrenalina y perjudique seriamente nuestra salud?

Estamos tan apegados a estas creencias, tan aferrados nos encontramos a nuestras experiencias emocionales que se sostienen en nuestro interior, que vamos a luchar para asirnos a ellas. Vamos a desafiar a cualquiera que se atreva a decir que estas emociones no sólo drenan nuestro poder, sino que también, finalmente, nos aniquilarán si seguimos dándoles vida dentro de nuestra conciencia.

Por lo tanto, realmente es simple. Si consume un poco de sabiduría y se siente elevado, eso es bueno, si "hace" el seminario de iniciación y se siente armonizado, es sensacional. Si ha experimentado uno o dos ¡AJÁS! es maravilloso, habrá pasado muy bien su tiempo. Pero, no se olvide de "cerrar los grifos" (enojo, miedo y tristeza) o el poder que acaba de reponer simplemente se irá por el desagüe, ¡otra vez! Elimine el miedo, destierre el enojo, y suelte toda su tristeza. Así, iniciará la marcha en el camino hacia el esclareci- miento, listo para reunirse con su sabiduría innata y su poder personal.

¿Cómo cierra los grifos? Si en verdad ha tomado su propia transformación con seriedad, si está genuinamente interesado en "despertar", si ahora puede decidir que tendrá un romance con la verdad, lo descubrirá.

Empiece por leer este pequeño libro otra vez; todas las claves están aquí. Si hay algo que no sea claro, ¡sólo pregunte!

Puntos de partida

Si hay dos cosas que me encantaría que ustedes aprendieran, sólo porque yo las aprendí hace muchos años y han cambiado mi vida, son el desapego y la meditación. No es por accidente que durante dos mil años han estado en el corazón del esclarecimiento y la armonización personal. Hay una manera simple de empezarlas. Inténtelo. Experimente la paz y el poder que ellas restituyen y luego asista a un curso de meditación, permitiendo que alguien experimentado le enseñe.

Nunca se arrepentirá.

Desapego - Quédese en su silla

La próxima vez que vaya al cine, no se "meta" en la película, no se pierda en la trama ni se identifique con los personajes, y no permita que sus emociones sean manipuladas. Es sólo una película. Permanezca en su butaca y practique ser un observador alejado.

Simplemente observe el drama que se desarrolla a cierta distancia. Esto lo ayudará a mantener su calma y su tranquilidad en situaciones de la vida real, cuando otros pierden la propia y quieren que usted haga lo mismo. No deje que su mente racional le diga que permanecer desapegado es ser frío e insensible, porque no lo es. De hecho, cuando no nos identificamos con las emociones de los demás y no nos enredamos en sus historias, adquirimos una capacidad de ver, comprender y responder con una mayor sensibilidad. Nos permite permanecer lúcidos y enfocados; también contribuirá para que pueda ayudar a los demás cuando sus emociones los gobiernen. Este es el arte de la observación y la participación desapegadas. Descubrirá que dicha capacidad no tiene precio.

Meditación - Intente hacer esto

Deje de hacer lo que está haciendo. Encuentre un rincón tranquilo. Siéntese cómodamente. Reconozca y relaje su cuerpo. Tome conciencia de su actividad mental. Observe sus pensamientos y sentimientos, conviértase en testigo de ellos. Mientras observa y presencia sus pensamientos y sentimientos, es probable que a veces se vea tentado a acercárseles. Si lo hace, entonces, suavemente libérelos y regrese a la posición de observador. Ahora, con cuidado, mueva su conciencia de observador hasta que pueda ver el espacio entre sus pensamientos. Al hacer esto, empezará a experimentar una paz interior que gradualmente se edifica dentro de su conciencia. Cuanto más lo intenta, más poderosa y concentrada se torna esa tranquilidad. Con práctica regular podrá hacerlo en cualquier parte y en cualquier momento. Empezará a ver los acontecimientos a su alrededor con mayor claridad y comenzará a oír su propia sabiduría que habla desde el corazón de su conciencia. Tanto la claridad como la sabiduría, lo ayudarán a construir su capacidad para que su vida tenga más sentido y propósito. Este es el principio de la meditación. La clave es la paciencia. El poder de concentración y creatividad son las recompensas finales.

Un último pensamiento

El anuncio llegó como un artículo en las últimas noticias. Los científicos acababan de descubrir lo que podía ser la cura primordial de autoayuda para el cáncer. En un laboratorio de investigación habían puesto seratonina —que es la hormona producida por el cerebro cuando estamos felices— en un tubo de ensayos de células cancerígenas, y de manera instantánea mataron a todas las células. Al preguntarles por qué les había llevado tanto tiempo hacer este descubrimiento, su respuesta fue simple: "Hay millones de productos químicos que podrían probarse sobre el cáncer y sólo llegamos a intentar con la seratonina".

Entonces, ahí tiene la prueba científica de que la felicidad sana. Puede llegar a ser una nueva verdad para el mundo de la ciencia, pero no es novedoso para muchos que intuitivamente lo han sabido durante mucho tiempo.

Recuerde que la felicidad no es una dependencia, es una decisión. La felicidad no es un destino, es el viaje; la felicidad no es un logro, es el modo de alcanzarlo. La felicidad nunca espera, es ahora o nunca. No la demore más, sea feliz ahora. El mundo aguarda la serenidad de su sonrisa, la satisfacción de su corazón y los ecos de su risa.

Acerca del autor

Con asiento en Londres y en las colinas de Cotswold, Mike George desempeña una variedad de roles, incluido el de maestro espiritual, orador sobre la motivación, líder de retiros y tutor que acerca las herramientas para facilitar el desarrollo de la conducción. En una especial mezcla de introspección, sabiduría y humor, el autor reúne las tres corrientes clave del nuevo milenio, a saber:

- inteligencia emocional / espiritual
- desarrollo de la conducción / liderazgo
- aprendizaje continuo

Al trabajar con personas en empresas y comunidades de más de treinta países, sus talleres, seminarios y retiros están diseñados primordialmente para ayudar a la gente a:

- Tomar conciencia de sus propios recursos interiores; así podrán estar más satisfechos en su interior y serán más eficaces en todo lo que hagan.

- Desarrollar las habilidades prácticas emocionales y espirituales, a fin de construir y sostener relaciones estables y amorosas.

- Descubrir y explorar la sabiduría esencial que se necesita para crear una vida más equilibrada y plena.

Los retiros y talleres incluyen la conciencia de uno mismo y el esclarecimiento personal, cómo liberar el liderazgo, cómo dominar los cambios profundos, cómo trabajar con la inteligencia emocional, resolución de conflictos, meditación, y el arte del mantenimiento del corazón. Tiene una amplia gama de clientes del sector público y privado, dentro de los cuales podemos mencionar a Mitsubishi, American Express, Siemens, Allianz, Banco Barclays, Johnson & Johnson, KLM Líneas Aéreas Holandesas, NHS, Ayuda al Anciano, y la BBC. Durante los últimos veinte años, también realizó numerosos viajes por el mundo para enseñar el arte de la meditación y ayudar a los demás en su desarrollo espiritual. Entre sus publicaciones se incluyen:

Learn to Relax [Aprenda a relajarse]
(Duncan Baird / Reino Unido y Chronicle/ EE.UU.)

Learn to Find Inner Peace [Aprenda a encontrar la paz interior]
(Duncan Baird / Reino Unido y Chronicle/ EE.UU.)

The Secrets of Self Management [Los secretos de la autogestión]
(BK Publications)

Meditation for Extremely Busy People [Meditación para las personas sumamente ocupadas]
(BK Publications)

Stress Free Living [Ponga énfasis en una vida libre]
(BK Publications)

In the Light of Meditation [A la luz de la meditación]
(O-Books / Otoño 2003)

Es el director de la revista *Heart & Soul Magazine* [Corazón y Alma] y fundador de *The Relaxation Centre* [Centro de relajación] (relax7.com)

Para contactarse con el autor: *mike@relax7.com*

Si desea ver el programa de conferencias, charlas, talleres, seminarios y retiros ingrese en:
www.relax7.com / diary

Agradecimientos y vínculos

Gracias a *Global Retreat Centre* y a la Universidad Brahma Kumaris World Spiritual University, por el contexto y la sabiduría.

www.globalretreatcentre.com
www.bkwsu.org.uk

Mi agradecimiento a *Reed Learning* por la oportunidad de "pasarlo" a los demás.

www.reed.co.uk/learning

Gracias a *Bliss* por la suave música que relaja e induce momentos de tranquilidad para hallar la inspiración y el ¡AJÁ! ocasional.

www.blissmusic.com.

Gracias a *Kenwood House* en Hampstead Heath, por el escritorio bajo el Sol y el mejor capuchino de la ciudad.

También mi agradecimiento y mi amor a todas mis hermanas y hermanos, por su sutil apoyo siempre presente.

Índice

Primera Sección
Ilusión y mito
Los siete mitos principales sobre el estrés

¿Es este pequeño libro realmente para usted?

Segunda Sección
Sabiduría y verdad
Las siete revelaciones esenciales de su ser

¡La necesidad de saber!

Tercera Sección
Acción y transformación
Los siete ¡AJÁS! de las almas sumamente
iluminadas

¿Está preparado para hacer algunos cambios positivos?

Este libro se terminó de imprimir
en Noviembre de 2004. Tel.: (011) 4204-9013
Gral. Vedia 280 Avellaneda
Buenos Aires - Argentina

Tirada 3000 ejemplares